岩　波　現　代　文　庫

宗教と科学の接点

河合隼雄
Hayao Kawai

岩波書店

目　次

第一章　たましいについて

はじめに

最近わが国においても、「ニューサイエンス」と呼ばれる領域がマスコミに取りあげられるようになった。これは、一九七〇年初期からアメリカやイギリスにおいて始まった、ニューエイジ科学運動のことを指しているが、この運動はヨーロッパにもひろがりつつあり、今後も相当に強力になり拡大されてゆくものと思われる。この運動は極めて専門的な科学者のみならず、文化系の学者、さらには一般市民をも巻きこむような形で展開されつつあるところに特徴をもっている。もう一つの特徴として、今までは単純に対立的に捉えられがちであった宗教と科学が、思いの外に相接する形で論じられる、ということがあげられるであろう。宗教と科学の問題は二十一世紀の人類を考える上で極めて重要であり、現在において誰しも真剣に取りあげねばならぬ問題である。

筆者はもともと数学科の出身であるが、その後、臨床心理学に転じ、生身の人間と取り組まねばならぬ領域にはいりこんだため、人間を研究対象とする上での方法論、科学論には常に関心をもち続けてきたが、心理療法の経験が深まれば深まるほど、人間の宗教性についても考えざるを得なくなり、文字どおり科学と宗教の接点に立たされることになったと言えるのである。そのような体験を踏まえて、本書においては、宗教と科学の接点の問題について論じてみたい。ただ、ニューエイジ科学運動においては、深層心理学はもちろんであるが、理論物理学、大脳生理学、生物学、生態学、文化人類学、宗教学など実に多岐にわたる専門分野が関連してきて、到底それをすべてカバーして理解することは不可能である。そこで、筆者としては、もっぱら自分の専門である心理療法家であるという立場を生かしつつ、筆者の能力の及ぶ範囲内において、この問題を論じてみたいと思っている。これが機縁となって、わが国の各分野から宗教と科学についての討論が生じてくるならば、まことに幸であると思っている。

一九八五年四月二十三日より二十九日に至るまで、京都の国際会議場で第九回トランスパーソナル国際会議が開かれた。トランスパーソナルという用語は日本人にはなじみのない言葉であるが、この会議は最初アイスランドで、一九七二年に国際トランスパーソナル心理学会が開かれたのが始まりで、その後、心理学以外の分野の人々が多く参加しだしたので、一九七八年に行われた第四回の学会からは国際トランスパーソナル学会(International Transpersonal Association)と称するようになった。このトランスパーソナル、すなわち、超個人という言葉は、西洋人がこれまで大切にしてきた個人ということを超えて、人間は最も根本的な基層においては共通なものを有している、という認識の上に立っている。個人というものをあまりにも他と切り離した存在として考える傾向は、その関連において、物と心とを、自国と他国とを、そしてその他多くの点において「切り離し」て考えることを助長しすぎてきた。このあたりで、今まで自明のこととして存在してきた多くの境界を超えて考えてみることをしようではないか、という立場が、トランスパーソナルの立場なのである。従って、そこでは今まで対立的に捉えられがちだった宗教と科学も、その境界を超えて論じられることになるのである。

筆者はこの会議に日本側の組織委員として出席し、発表もしたので、この会議中に経験したり、感じたりしたことを基にしつつ、宗教と科学の接点の問題について考えてみたい。この会議は、まさにこの問題にぴったりのことが多く論じられたのである。

トランスパーソナル学会

トランスパーソナル心理学は、ユング派の分析家が多く参加しているためもあって、筆者はその存在を知っていたが、実態に触れたのは、一九八三年にスイスのダボスにおいて第八回大会が開かれたとき、発表者として招かれたときである。発表者には高名な分析家も多く含まれており、光栄なことと思って出かけて行ったが、行ってみると大分予想と異なっていて、正直なところしっくりと来なかった。これはこの会議に出席する直前、同じくスイスのアスコナで開かれたエラノス会議に出席していたため、両者の在り方があまりにも対照的であったので、余計にこのように感じたのであろう。エラノス会議はアカデミックであるのみならず、すべてのスタイルがクラシックであり、筆者は初めての参加だったために大いに感激したのだが、それに比べると、トランスパーソナルはお祭り騒ぎ的で、何となくいかがわしい人たちもいるし、さっぱり様子が違って、どうも「うさんくさい」という感じを受けたのである。

しかし、発表を聞いているうちに、なかには素晴らしいものがあり、宗教と科学の接点をめぐり新しいパラダイムを見出そうとする熱気のようなものも感じられて、だんだんとそのなかにはいってゆくことが出来た。ところが、一番鼻もちならぬ感じがしたのは、東洋に対する投影が強く、東洋こそ深い知恵の国であるといった類の話をする人がいることと、正式の発表者のなかにはさすがにいなかったが、あちこちで自由なワークショップが開かれているなかには、科学と宗教という題を出すかぎり必ず現われてくると言っていいようなファナティックな人物がちょいちょいいたことであった。筆者はしまいには腹が立ってきて、「皆さんの言っておられる東洋というのはどこにあるのですか、私は東洋人ですが、そんなところは見たことがありません」などと皮肉を言ったりもした。

参加していてもうひとつ不思議に思ったことは、有名なユング派の分析家などが、わざわざ高い旅費と参加費を払い、長期にわたる休暇をとって話を聞くためにこれに参加しているということであった。われわれ日本の多忙さに慣れているものにとって、これは奇異な感じがすることである。しかし、それらの人と話し合っていて解ったことは、宗教と科学ということ、あるいは、会議中によく聞かれたスピリットの世界(これを霊あるいは精神などと訳すと少し違った感じになってしまうが)に対する問題意識、およびそれとの関連で、現代の欧米の文明に対する危機意識が極めて高く、そのような点について深く考える機会を逃がしたくはない、という強い熱意がそこに底流している、ということであった。

このことは日本人にはなかなか了解し難いことかも知れない。まず、この人たちの感じている強い危機感は、日本人に伝わりにくい。今回の会議においても何度か話題に出たが、核兵器に対する危機感は、欧米に比して日本は非常に稀薄である。おそらく、今回の会議に出席した多くの日本人は、そこで語られる危機感の強さに驚いたであろうし、逆に、外国人は日本人が原爆の体験を持ちつつ、個々人としてはあまりにも核兵器に対する危機感が少ないのに驚いたであろう。この点については、今回来日した宇宙飛行士のラッセル・シュワイカートが次のようにうまく表現していた。すなわち、日本人はバランス感覚がよいので、少しぐらい揺れがきてもそのうちもとに戻るさ、といった安心感のようなものを多くの人が持っている。それは舟で海の上を航海するようなもので、右に揺れ左に揺れしながらも進んでゆくと思っている。しかし、揺れが一定以上に大きいときは舟に水がはいり、もう沈むより仕方がなくなる。現代の核の脅威は地球全体にとって、そのようなものではなかろうか、と言うのである。これは日本人特有の楽観というよりは、「成り行きまかせ式安心感」の怖さを非常にうまく表現していると思われる。これに対して、欧米の人々は核兵器について強い危機感を持つと共に、それを西洋近代の文明一般に対する危機として受けとめ、そこに何らかの突破口を見出さねばならぬと切迫感を感じているのである。

西洋近代の文明というとき、日本人がよく誤解するのは、その科学をあまりにもキリスト教と対立的に捉えてしまう点である。近代科学とキリスト教は日本人が単純に考えているほど対立的ではない。むしろ相補的と言うべきであろうか。この点については、村上陽一郎が一連の著作のなかで口を酸っぱくして論じ続けており、筆者も大いに賛成である。村上は十六、十七世紀のいわゆる「科学の天才」たちが、今日われわれが考えているような「科学的」、「合理的」な態度によって自然の事象を研究しようとしたのではないことを多くの例をあげて示している。コペルニクス、ガリレオ、ニュートンたちは、「彼らの自然についての知識を、信ずる神の作品の内部に刻まれた造り手の計画を知り、その栄光を讃えることを目的として、追究し続けていた」[1]のである。彼らの科学体系を築きあげてゆく熱意は、唯一の神の意志を知ろうとするという強い欲求に支えられていたのである。

十八世紀の自由思想家たちの努力を経て、十九世紀になると、「知識(scientia)は、神の意志を知りその栄光を讃えるためではなく、人間に現世的な幸福をもたらす能力(potentia)を備えたものとして、世俗的に追究されることになった」[2]ことは事実である。しかし、そこにも唯一絶対神を上に戴く傾向は潜在的に認められる。つまり、論理的整合性をもった唯一の統合されたシステムによって、自然現象を(ひいては人間の現象も)理解できるはずだ、あるいは、してみせるという強い意図にそれが表わされているのである。そこには、真理はひとつ、正しいものはひとつ、という強い確信がある。このような意味で、今まではキリスト教と対立するものと見られがちだった進化論、マルキシズム、フロイトによる精神分析などは、広い視野に立つと、むしろユダヤ＝キリスト教の一神教的な考えの延長にあるものとして理解する必要があると思われる。

トランスパーソナル学会の人々が西洋近代文明の危機を感じ、その見直しをしようとするとき、それは自然科学のみではなく、キリスト教に対する見直しをも含んでいる。従って、このような自覚に立つ欧米の人々は極めて強い中心の喪失感に襲われているのであり、この学会のように、そこから何か新しいパラダイムを見出す可能性が感じられるのなら、高い旅費や会費などは問題でなくなってくるのである。自分自身の生存の根本問題に関連してくると思うのだから、それはまったく「高い」ものではない。むしろ、このようなことにあまり興味を示さない日本人の方が変っていると彼らには感じられるのである。

日本の状況

第八回大会に出席して、筆者はそれなりに面白く、既に述べてきたようなことを感じたりしていたが、第九回大会を日本で開きたいと聞き、驚いてしまった。そこでそれはあまりに時機尚早であり、自分としては協力できないことをはっきりと申し入れた。そこで、会長のセシル・バーニー博士がぜひ話し合いたいというのでそれに応じた。筆者としては、日本では未だニューエイジ科学運動に関心をもつ人があまりにも少ないこと、それに日本のアカデミズムは大変に「固い」ので、トランスパーソナルに出てくる人のなかには、やや「いかがわしい」人がいるために拒否反応が生じて駄目であること、を指摘した。そして、身体と心、自と他、東洋と西洋などと今まで対立的に捉えられていたことを、全体的《ホーリスティック》な観点から見ると言うと聞こえはいいが、このようなときには必ず合理的思考力の弱い、あるいは理論構成力の弱い人がやってくる傾向があり、日本の研究者はそのような人がたとえ面白いひらめきや直観力などをもっていても、まったく評価しないことなどをずけずけと話をした。

すると、バーニー会長は、その点についてはトランスパーソナル学会全体のこととしても危惧していたところであり、日本の会議においては、その点について発表者を厳選すること、会議の全体については自分が責任をもつので、むしろ、できるだけの援助をしてくれる程度でいい、と言明した。彼があまりにも明確にものを言い、私の意見に全面的に賛成してくれ、彼の率直な態度にも感心したので、日本での開催に同意した次第であった。

日本での会議においては、バーニー会長は約束を守ってくれ、彼の言葉によると、会費を払ってでも発表したいという申込みが二百ほどあったが、自分たちがこれはと思って依頼した人以外はすべて断ったとのことであった。おかげで、日本での会議は妙なお祭り騒ぎにもならず、「いかがわしい」発表もなくて非常によかった。しかし、このような厳選主義のためか、参加者はスイスのときに比べると相当に少なかった。トランスパーソナル会議としては、今後もこのような厳しい態度は続けてゆくつもりらしい。運動の初期においては、いろいろといかがわしいことがはいりこんでくるのも避け難いことであろう。

ところで日本の研究者の態度について、バーニー会長には説明しておいたが、今回参加した外国の学者たちは、その点について奇異に感じた人もあったようである。たとえば、宇宙飛行士のシュワイカート氏とは、個人的にも大分話し合う機会があったが、彼は「日本の科学者は実に固い(rigid)」と言っていた。つまり、日本の科学者は、宗教とかスピリットなどと聞くと、それだけですぐに「非科学的」と判断し、そして「まやかし」だと断定してしまうというのである。

トランスパーソナル学会を日本で開くにあたって、参加者を集めるために苦労した話をすると、幹部の一人は「日本こそもっともトランスパーソナルな土壌をもっているのに、どうしてか」と反論してきた。これは確かにその通りで、後に東洋と西洋のことを論じる際に触れるが、日本の方が欧米に比してはるかにトランスパーソナルな伝統をもっていると言えるのだが、やはり日本のインテリたちは西洋近代を模範として、それに追いつこうと努力してきたので、欧米の現代人よりかえって西洋近代にしがみついているところがあるのだと説明して、何とか納得していただいた。

もちろん、これは日本の学会の一般的傾向であり、日本の学者でも最先端を行く人々や、そうとは名乗らないにしてもトランスパーソナル的発想の豊かな人々もいるのは事実である。ジャーナリストの増永俊一は、既に一九八四年に、本書に取りあげる多くの宗教と科学の接点の問題について、わが国の学者との対話を通じて論じている(3)。

日本の伝統的な芸術や芸能が連日紹介され、非常によかった。しかし、日本の伝統を説明するときには、「西洋の物質文明に対して、日本は精神的……」といったパターン化された表現が出てくることがあった。そんなとき、ある西洋人は、ではどうして現代の日本人は世界でも最先端といっていいほどの物質文明の享受者になっているのか、と鋭く問うてきた。彼はそこまでは言わなかったが、精神性を尊ぶなどと言いつつ、日本人はどうしてエコノミック・アニマルになるのか、と言いたかったのではなかろうか。これに答えるのは、なかなか難しいことである。

西洋は物質文明、東洋(日本)は精神文明などというのは、日本人の偏見である。西洋が物質に関する科学という学問を発展させたのは、キリスト教という精神的な支えがあったからなのである。日本は西洋の文明をキリスト教抜きで輸入したので、彼らから見ると、それは誤解であるにしろ、エコノミック・アニマルに見えるのであろう。それでは、日本の精神とは何か、宗教性はどうなっているかというと返答に窮するのである。

人間存在

トランスパーソナルということは、個人を超えることである。と言っても、これは個々の人間存在が大切でないと言っているのではない。むしろ逆に人間存在の大切さをそれは強調するものである。この大会を通じて、確かに一人の人間が「そこにいる」ということが実に重要であることを、痛感させられた。たとえば、ジョン・ウィアー・ペリーは分裂病〔統合失調症〕の心理療法家として極めて名高い人であるが、彼は分裂病のことなど一切話さずに、中国の古代における王に関する観念について話をした。中国の古代において理想とされる「無為にして化す」と言われる王の姿について彼が語るのを聞きながら、彼は実のところ分裂病の心理療法の根本問題について語っているのだ、ということに私は気づいた。彼はまた、王が権力をもち出すと堕落して、自分の力によってすべてを支配するようになることも語ったが、彼が比較して語っている王の在り様は、すなわち、心理療法家の在り様につながるものなのである。

精神分裂病の治療は大変な困難事である。ペリーが長年にわたってそれをやり抜いてきたことについて、私は関心も持っていたし、尊敬もしていた。そこで、パーティのときなどに分裂病の治療について、いろいろと尋ねてみた。彼の話の最も大切なことは、先ほどの中国の王の話と同じことである。どれほど妄想や幻覚に悩まされ、あるいは、荒れ狂っている患者さんに対しても、それをこちらが静めようとか治そうとかするのではなく、「こちらが自らの中心をはずすことなく、ずっと傍にいる」と、だんだん収まってくる、と言うのである。こんな話に対して、まったく馬鹿げたことと言う人がいるかも知れない。しかし、中国の道士のような静かななかに厳しさをもったペリーと話し合っていると、私はおそらくそうであろうと思ってしまう。しかし、分裂病の人の傍にずっといて、こちらの「中心をはずさずにいる」などということが、どれほど至難のことかも私はよく知っている。ペリーと話し合ったとき、彼は分裂病の治療はあまりにもエネルギーのいることであり、自分は年老いてきたので、最近は分裂病の治療はしていないと言っていた。「何もせずに傍にいる」ことは測り知れぬエネルギーのいる仕事なのである。

トランスパーソナルということは、既に述べたように心理学の領域、特に心理療法に従事する人たちから生じてきた。それはどうしてなのか、ここに少し説明しておきたい。心理学ははじめ十九世紀の「自然科学」を範として、実験心理学として発展してきた。人間の「意識」などということを扱うと、方法論的に混乱に陥るので、もっぱら客観的観察可能なこととして、人間の「行動」を対象として、いわゆる行動主義の心理学を築いてきた。アカデミックな心理学が当時において、方法論的な確かさを頼りにするかぎり、これも仕方のないことであったろうし、行動主義の心理学は現在まで進歩を続けてきている。しかしながら、心理療法においては、どうしても人間の意識を扱わざるを得ない。人が恐いから外出できないというノイローゼの人に対しては、その人が「人が恐い」と意識していることを問題にせざるを得ないのである。

精神分析を創始したフロイトは無意識を問題にした。しかし、これとても、そもそも意識を問題としたからのことであり、彼が無意識と呼んでいることも、分析を通じて結局は意識化されてくるのだから、つまるところ、「意識」が問題なのだと言えるのである。フロイトは意識を扱う点において、行動主義の心理学とは異なったが、彼の理論をできるかぎり十九世紀の科学モデルに沿うような形で提示しようとした。従って、彼の理論は因果律的な決定論として展開された。このことは後に論じるように方法論的には問題をはらんでいるが、ともかく彼の理論が「科学的」粧いをもっていることは、特にアメリカにおいて一般にひろく歓迎されることの一因となった。ノイローゼの「原因」が個人の生活史のなかに見出され、その原因についてはっきりと意識することによって患者は癒される。治療者は従って、そのような原因を見出すための技法と理論を知っており、それによって患者の病いを治してくれるのである。このような考えは、最初の前提を疑わないかぎり、解りやすく、受けいれやすい。

これに対して、ユングは彼が精神分裂病者の治療にあたることが多かったためもあって、フロイトの考えに全面的には同調し難いと感じるようになった。分裂病者に対して、その「原因」を過去の生活史に見出すことは困難である。もちろん、それらしきことは見出せても、それが決定的なものであるかどうかは疑わしい。ユングは分裂病者のような深い問題をもつ患者に接しているうちに、人間のたましい(die Seele)ということを考えざるを得なくなってくる。たましいはもちろん実体概念ではない。それは時間、空間によって定位できない。しかし人間はたましいの作用、あるいは、はたらきは体験する。

分裂病の多くの症状を個人の生活史や、何らかの物質的原因に還元して考えるのではなく、たましいのはたらきとして見る方が妥当ではないだろうか。

このような考えに立って、人間を見ていると、何も分裂病に限ったことではない。「普通の」人間も、たましいのはたらきによって動かされていることがよく解る。本人にとってもまったく不可解な恋愛、それをたましいのはたらきとして理解してはどうであろうか。あるいは、ユングのところによく治療を受けに来たと言われる、社会的には成功し、物質的には何の不足もないのに、生きてゆく気力がまったく無くなったような人たち、これはたましいとの接触を失った人と考えてみてはどうであろうか。

たましいとユングが呼んだものと、どのように接触してゆくかということを、人間はいろいろと考え出し、それを宗教という形で伝えてきた。宗教はそれぞれ特定の宗派をもち、それぞれがたましいにいかに接するか、それをどのように考えるか、などの点について厳格な理論や方法を有してきた。しかし、ユングはたましいを宗教としてではなく、あくまで心理学として研究しようとした。すなわち彼は、固定した方法や理論、つまり儀式や教義を確定するのではなく、個々の場合に応じてたましいの現象をよく見てゆき、それを記述しようと試みたのである。もちろん、古来からの宗教の知識はその点において極めて有用であり、その多くを利用はしたが、どれか特定のものに頼ろうとはしなかった。

たましいの現象は不思議なことや不可解なことに満ちていた。ユングはそれらを真剣に観察し記録していったが、多くのことに関しては発表してもおそらく理解して貰えないだろうと思い、公表を長らくためらったものもある。公表した後も、彼は死の時まで自分の真に述べたいことは世の中に理解されなかった、ということを嘆いていたという。もちろん、このことは彼自身も自分の考えを不確かなままで発言しているので、表現が解りにくかったり、彼が自分の行なっていることに対する方法論についてあいまいであったり、直観に頼って理論的な詰めをおろそかにしたりするという欠点のためもあったが、何しろ彼の考えが時代の流れをあまりにも先取りし過ぎていたためと言えるであろう。

彼がたましいの現象について見出した、もっとも大切なこととして、共時性(synchronicity)ということがあるであろう。この点については、次章で詳しく取り扱いたいと思っているが、それは端的に言えば、たましいの現象のなかには因果律によって把握できぬものがあること、それは「意味のある偶然の一致」と今までに呼ばれてきたように、継時的にではなく共時的に把握することのできるものであること、の指摘である。ユングはこの考えについて、まだ考えのまとまらないまま、その考えの一端をアインシュタインに話をしたら、アインシュタインは、それは極めて重要なことだから必ずその考えの発展を怠らないようにせよ、と言ったという(4)。

人間のたましいに対する研究を通じて、心理療法の在り方が根本的に変ってきた。フロイトの考えによれば、治療者は明確な理論と技法によって、患者の症状の「原因」を探り、その原因に対する何らかの対処の方法を見出してゆくのであった。しかし、治療者は人間の「たましい」を扱っていると自覚するかぎり、彼は原因結果の因果的連鎖のなかにおいて、その症状を理解しようとするのではなく、たましいのはたらきの不思議に身をゆだねることが大切となってくる。患者はおそらく、自らのたましいのはたらきをどこかで歪ませているのであろう。従って、治療者は患者のたましいが自然にはたらく場を提供すること、そこに生じる現象を注意深く見守ることが大切である。人間の心とか身体とか、心のなかのどこか一部に焦点をあてるのではない。たましいに注目するということは、人間の全存在に対して開かれた態度で接することである。ペリーの比喩を用いるなら、中国の理想の王が全人民に対して心を開き、ただ無為でいたように、治療者は自分をも含めて、そこに存在するすべてのことに心を開き、無為でいるべきなのである。

このような考えで治療をすることは、治療者という「個人」が、個人の力によって患者を治すというモデルとはまったく異なることである。たましいは治療者という個人、患者という個人を超えてはたらくものである。ここにトランスパーソナル心理学、トランスパーソナル心理療法などと言われるものが生じてきたのである。ところで、そのような心理学の集まりに、物理学、生物学などもっと広い分野の人々がはいりこんでくることになった。これは、人間を全存在として捉えるという態度が、他の分野の人々の方法論的な反省と結びつくところがあり、そもそも人間をどう考えるか、人間を取りまく世界をどう考えるか、という点で他の分野の人々の共感を呼び、新しいパラダイムを求めて共に努力を結集しようとすることになったのである。

たましいとは何か

これまでの論議に「たましい」という言葉を用いてきた。述べられている文脈のなかで読者は何となく「たましい」とは何かについて漠然とした考えを持たれたことと思うが、ここで、たましいとは何かという点について少し述べてみたい。もっとも、たましいに関しては古来から多くの考えがあり、文化や時代の差によってそこには相当な差も存在している。ここでは、それらに対する概観的な紹介をするのではなく、筆者が準拠しているユング派の分析家ヒルマンの考えに従って述べることにする。彼はたましい(soul)に関連して多くの著作を出版しているが、今回は彼の考えをコンパクトに要約した『元型的心理学』(5)によって述べることにしたい。

たましいということは、意図的なあいまいさをもつ概念であるとヒルマンは言う。そのあいまいさの故に、厳密には「概念」と言うこともできない。それは明確な定義を嫌う。それは人間の未知の要因であるが、そのことによって「意味」が可能になり、「事象」を人間の「経験」に変え、それは愛においてコミュニケートされるものである。しかし、「たましい」という言葉をわれわれは明確な方法によって用いることはできない。なぜそれはあいまいなのか、なぜわざわざそのようなあいまいな言葉を使用するのか。これに答えるためには、デカルトによる物と心の明確な切断について考えてみるとよい。デカルトの切断によって、すべてのことが明確になったが、それによって人間存在のもつ大切な何かが消え失せたのではないか。その大切な何かがたましいであり、デカルト的切断の明確さに対応するために、それはあいまいでなければならないのである。たましいをもし明確に定義するならば、それはデカルト的切断力によって、物か心かのいずれかに還元されてしまうであろう。従って、ヒルマンが、「たましいという言葉によって、私はまずひとつの実体《サブスタンス》ではなく、ある展望《パースペクティブ》、つまり、ものごと自身ではなくものごとに対する見方、を意味している」と述べるとき、それはデカルト的な世界観に対抗する見方をとることを宣言しているのである。物と心、自と他などの明確な分割によって近代人は多くを得たが、そこに見失われたものを尊重しようとする態度を、たましいというあいまいな言葉を用いることによって明らかにしようというのである。

　デカルトが「考える」ことを重視したのに対して、たましいは「想像する」ことを重視する。想像《イマジネーション》こそは、たましいのはたらきであり、それを端的に体験するのは夢であろう。夢の大切な特徴は、それが人間の意識的自我によって支配できぬことである。夢は自我のつくり出したものでない証拠に、われわれは夢の展開がどうなるのか、まったくわからないし、「思いがけない」人物が登場し、展開が生じる。つまり、夢創作の主体は自我ではない。このような夢を創り出す主体をたましいであると考えてみるのである。

ここで、想像《イマジネーション》をわれわれが日常的につくり出す願望に色づけられた単純な空想と混同しないことが大切である。真の想像は何らかの創造につながるものである。つまり何かしら自我のあずかり知らぬものを提出する。たましいは、イメージ、メタファー、ファンタジーなどと呼ばれている一群の心のはたらきに大きくかかわっている。たましいは自我に対して神話をもって語りかけてくる。たましいから伝えられる生き生きとしたイメージは、外界の模像などではなく、それ自身独立に自律性をもって生じてくるのである。前節に述べた、ペリーの「中心をはずさずにいる」という表現も、彼のたましいから送られてきたファンタジーとして見ると、よくわかるのである。それは概念的思考によっては了解されないことである。

一人の若い女性の口もとがゆるむのを見るとき、恋人から自分への愛の証しとして、自分と関係づけるためには、われわれはそのようなファンタジーを必要とする。「事象を自分自身の経験へと深化させる」とヒルマンが言うのはこのことである。事象は自分という存在から切り離されて、普遍的事実として見られる。一人の女性の口もとがゆるむのは、そこにいるすべての人が見ることができる。それを「私の経験」にするためには、たましいから送られてくるファンタジーを必要とする。

たましいは、物と心の切断からもれてきたものであるだけに、人間の身体と心の終焉である「死」と深く関係するし、従って、宗教とも関連してくる。自分の死をいかに受けとめるかについて、たましいはつねにファンタジーを送り続ける。身体と心とは、己れの死についてパースペクティブをもつことが出来ない。このように、たましいは死と強く関連し、あいまいさをもつ故に、すべてのものがいかに明確に、明白に見えようとも、その影の部分を見る。たましいの言葉は、従って時に非常に暗く、破壊的ですらある。

自我心理学や人間性心理学に筆者があきたらないのは、それが個人の生きている間の自我にのみ限定しすぎて、あまりにもパースペクティブが狭すぎると感じるからである。トランスパーソナル心理学は、それを超えようとするものであるが、実のところ、それに対しても不満があり、まず第一に、たましいの明るい面のみを見過ぎるように感じられる。これは人間性心理学に対しても言えることであるが、あまりにも楽観的にすぎる。次に、トランスパーソナル心理学は、たましいのことをともすると明確な言語で語りすぎる傾向がある。第四章に紹介するスタニスラフ・グロフには非常に強い印象を受けたが、どこかしら不満が残った。それが何に由来するかうまく言えなかったが、これを書いていて感じることは、彼があまりに明快な言葉で語りすぎるということである。明快さは、最初に述べたように、たましいの重要な部分を殺すか、取り残してしまうのである。

たましいという定義し難い言葉を用いるということは、既に述べたように世界に対するかかわり方の根本姿勢を表明していることになる。たましいということは定義できないので、それについて知ろうとするとき、われわれはファンタジー、あるいは、神話に頼ることになる。たましいについての神話を自分にとって納得のいくものとしてつくりあげてゆくことが、ユングの言う個性化の過程(process of individuation)なのであり、それは死ぬまで続く過程なのである。近代的な明確な思考法に親しんでいる人は、本書のような記述にいら立ったり、馬鹿馬鹿しく感じられたりすることであろう。しかし、それに耐えて、この「たましい」との関連において世界を見続けてこそ、近代人が失った世界との濃密な関係を回復できるのである。

哲学者の中村雄二郎が「科学の知」に対して「神話の知」の重要性を説くとき、そこには「たましい」という用語は使用されていないが、ここに筆者が述べたことと同様のことを主張しているものと思われる。中村は「神話の知の基礎にあるのは、私たちをとりまく物事とそれから構成されている世界とを宇宙論的に濃密な意味をもったものとしてとらえたいという根源的な欲求[6]であると述べている。ここに中村がわざわざ傍点を付して表現した「根源的な欲求」こそ、われわれの言葉で言えば、「たましい」から発したものであると言えるであろう。そして中村は、「神話の知はこのように、ことばにより、既存の限られた具象的イメージをさまざまに組合わすことで隠喩的に宇宙秩序をとらえ、表現したものである。そしてこのようなものとしての古代神話が永い歴史のへだたりをこえて現代の私たちに訴えかける力があるのも、私たち人間には現実の生活のなかでは見えにくく感じにくくなったものへの、宇宙秩序への郷愁があるからであろう[7]」と、神話の知の特性を見事に表現している。

西洋近代の自我

人間存在を全体として、たましいということも含めて考えようとすることは、宗教との必然的なかかわりを生ぜしめる。しかし、そこであくまでもたましいの現象を探究してゆこうとする態度は科学的と呼んで差し支えないものであり、ここに科学と宗教の接点が生じてくるのである。しかし、そんなことを言っても、たましいなどということを対象とすること自体、既に科学的ではない、と反論する人もあろう。つまり、たましいなどという測定不能なものは科学の対象外なのである。この点をどう考えるべきであろうか。これを考えるためには、西洋近代に確立された、自我の問題について少し考察する必要があるだろう。今回トランスパーソナル会議で議論され、多くの人を惹きつけた、たましい、死、狂、身体性、などということは、考えてみると、西洋近代の自我が自らの体系のなかから排除してきたものではなかったろうか。このように考えると、ともかく自我について検討してみることの必要性が了解されるであろう。

西洋近代に確立された自我は、自分を他と切り離した独立した存在として自覚し、他に対して自立的であろうとするところに、その特徴がある。このようにして確立された個人を、英語で individual と表現する。つまり、これ以上は分割し得ざる存在ということであり、その個人を成立させるためには、ものごとを分割する、切断するという機能が重要なはたらきをもつことを示している。有機物と無機物という分割、有機物をまた分割してゆき、人間と他の生物という分割が行われ、その人間をいかに分割していっても、個人が分割し得ないものとして残る。このことは逆に言えば、個人は他と切り離されることによって存在が明らかになると言える。

ユング派の分析家、エーリッヒ・ノイマンは人間の意識の起源を象徴的表現のなかに認めようとし、西洋近代の自我＝意識は極めて特異なものであり、それは壮年の男子の英雄像によって象徴され、象徴的な母殺しを達成することによって、自我が確立されるのだ、と述べている。このことについて詳述する余裕はないが、ここで言う象徴的母殺しは、自分を取り巻くすべてのものと自分を切り離してみること、とも解釈できるであろう。

このように他と切り離して確立された自我が、自然科学を確立するための重要な条件となっていることは容易に了解できるであろう。つまり、このような自我をもってして、はじめて外界を客観的に観察できるのである。このような「切り離し」による外界の認識は、個々の人間とは直接関係しないものとなり、その意味で「普遍性」をもつので、極めて強力な知を人間に提供する。これが、これまでの自然科学である。しかし、このようなことが成立可能となるための背景にキリスト教が存在したことも、われわれは見過ごしてはならない。科学の知が論理的に整合的な統合された体系をつくるはずである、それが自然なのだという確信を、一神教の世界観が支えていることは既に述べた。それと共に、このように他と切り離して存在する自我は、自分自身のこととなると、それは神とつながっていることを信じ、自我は死によって一度はこの世から消え去るかのごとく見えても、必ず復活するのだということを信じることによって、支えられているのである。科学における「知ること」は、このような「信じること」によって、その存在を支えられていた。東洋のように「この世は幻」と信じるのではなく、この世のことに力を尽し、自我を確立するのは、結局、死後に復活し、しかも生前になしたことについて最後の審判によって評価されると信じないかぎり、まったく空しいことになるのではなかろうか。自我の確立に高い価値を置くためには、一回限りの復活を信じることが必要なのである。さもなければ、せっかく自我を確立しても死んでしまえば、まったくの無になってしまうことになる。

このように確立された自我は、十九世紀後半から二十世紀にかけて、極端な肥大化を経験した。簡単に言ってしまえば、自我が神の座を奪ったのである。自我が世界の中心になった。これは考えてみると当然と言えることかも知れない。西洋の近代自我は自然科学を武器として、この世の現実を支配し続けてゆくうちに、そこに見出されることがキリスト教の教義と矛盾することが解ってきた。一神教的世界観は、そのシステム内に矛盾を許容できない。どちらかが真でどちらかが偽でなければならない。このような発想で進んでゆくかぎり、自然科学が真で教義の方が誤りであると考えざるを得ないことが多くなった。そのようなことの繰り返しのなかで、もちろん、キリスト教の教会側も多くの努力を続けて矛盾の解消をはかってきた。この点は、非キリスト教の人々は大いに尊敬しなくてはならないであろう。それでもその努力はあまり効果的ではなく、多くの欧米の人々は、キリスト教の教義を信じられなくなってきている。

とすると、西洋の近代自我は何を支えとして存続するのか。ここでは論じることを避けるが、自我の確立ということについて、精神分析において、自我同一性(ego identity)

の重要性がエリクソンによって主張されたとき、多くのアメリカ人がこの言葉に魅せられたのも、この辺の事情と重なっているのである。(9) 暫くは、アイデンティティという言葉が彼らを救ったかに見えたが、それはあくまで自我のアイデンティティとして、自我と他人との関係、自我がどのような仕事を為し遂げるかなどとの関連で考えられたので、本当の救いをもたらすものとはならなかった。西洋近代の自我は神の座を乗っとりつつ、一神教のパターンを継承しているので、彼らは自我のシステム内に矛盾の存在を許容できない。西洋近代の自我はその統合性の維持のため、それと共存できぬものをシステム外に追い出すより仕方がなかった。

　自我が外に排除したものは、既に述べたノイマンの象徴的表現との関連で言えば、死（老）、狂、女、子ども、であった。欧米社会においては、これらは極端に低い評価を受けている。従って、子どもは早く大人になろうとし、女は男と同等のことができることを立証しようとし、これはある程度は成功した。しかし、どうともならないものに、死があった。そこで残された道は死の拒否しかない。橋本峰雄はかつて、アメリカにおける死化粧兼防腐処理《エンバーミング》の隆盛について述べ、これが現代のアメリカ文化における問題点を集約的に示していることを指摘した。(10) これは遺体を防腐処理して化粧をほどこし、生きているときとまったく変らぬ状況にして葬式を行うのである。葬式の参列者はすべて、死の現実と直面することはないのである。矢沢澄道は、やや戯画化したタッチであるが、

「牧師さえも頭があがらない葬儀屋という職業は、アメリカではもっとも安定した職業の一つになっている」という佐伯真光の言葉を引用して、自然科学によって武装した葬儀屋が聖職者の頭を押さえつけている姿を嘆いている[11]。しかし、どれほど工夫をこらしてみても、死は存在する。これは否定できない事実である。そして、西洋の近代自我が排除しようとした「狂」にどうかかわってゆくかという心理療法の世界から、自我に対する反省が生じてきたことも、納得のできることなのである。

東洋と西洋

西洋の自我に対して、東洋の意識は知ることと信じることとを明確に分けようとしない。ユングは東洋にあるものは「認知的宗教か宗教的認知のどちらかである[12]」と述べたが、このことは、東洋人の意識は自と他とをそれほど切り離して考えていないことを意味している。「観」という字は、そもそも内界を観ることを意味していた、というよりは外界と内界などという区別を最初から立てていないのである。仏教は哲学、宗教、科学、などを未分化のままで包摂しつつ壮大な体系をもっている。その上、ここに注目すべきことは、このような仏教の体系を見出した僧たちは、西洋の自我と異なる意識状態のなかで、それを見出したに違いないということである。

西洋の近代自我を唯一の正しい意識の在り方とするかぎり、それと異なるものは、狂であるか、まやかしである。ところが、現在の欧米人は自我を超えようと努力しつつあるなかで、彼らの自我と異なる意識の在り方が存在し、それはそれで大いに意味のあることに気づきはじめたのである。今回の学会で発表したスタニスラフ・グロフは、チェコスロバキヤ生まれの精神科医で、ＬＳＤ25を使用する心理療法に専念してきた人である。今ではＬＳＤを使用しなくても同様の効果を生み出せる方法を見出したので、薬物の使用は行なっていないが、ともかく、最初はＬＳＤの助けを借りて経験する変性意識状態は、東洋の宗教の記述していることの理解に役立つことに、彼は気づいたのである。グロフの研究については、後にまたあらためて「意識」の問題として考察してみたいが、ともかく彼は、西洋の自我からすれば、まったくのまやかしを述べているとしか思えない仏教的世界像が、はっきりと「事実」に基づいて語られていることを知ったのである。もちろん、ここでいう「事実」は西洋の自我の見る事実ではないが。

グロフと話し合っていて、あなたの見出したことと宗教との関連についてどう思うかと尋ねたところ、「少なくとも世界の宗教の主要な流れとは関係がない」と答えた。これは極めて示唆的な言葉である。宗教が宗教として成立するためには、何らかの「たましい」に関する体験が基礎となったであろう。しかし、それが組織化され、人間社会のなかで「主流」として生き残るためには、どうしても日常性の方にひきつけられてゆく。

それが組織として整えられれば整えられるだけ、その傾向は強くなるのではなかろうか。これが宗教のジレンマである。そして、そのように日常化されたなかで、「信じる」ことを要請されても、なかなか人は簡単に信じることができなくなるのではないか。

現代人としての欧米の人は、従って信じることよりも知ることに力をつくそうとする。ただし、その「知る」ことを、西洋近代の自我を超えた意識によってなそうとするのである。既に指摘しておいたように、自我から排除された「死」について、正面から取り組んでいるキュブラー・ロスは、死後の生命について信じているのではなく「知っている」ことを強調している。ここに彼女の言う「知る」とはどういうことかについては、後に死について論じるときに、もう少し詳しく考察したいが、ともかく、彼女が死について、死後の生命について語るのを聞いていると、そこには「信じる」人の熱っぽさよりも、「知る」人のクールさを感じるのは事実である。しかし、この点についても、東洋は死後の生命などについては、早くから「知っていた」と言おうとすれば言えるのである。

このような点から、トランスパーソナルとかニューエイジ科学運動が、西洋から東洋への乗り換えであると考えるなら、それはまったくの誤解である。確かに新しいパラダイムを考える上で、東洋の宗教は西洋の近代自我の盲点を補うものとして役立つであろう。しかし、トランスパーソナルとは、個を超えることで、個の否定でもないし、ましてや弱い個人を賞讃しているわけでもない。トランスパーソナルの提唱者の一人、フランシス・ヴォーンは、「個以前(pre-personal)と超個人(transpersonal)とは区別すべきだ(13)」とさえ明言している。これを単純に適用して、東洋人は超個人というよりは個以前だと決めつけるほどの気持はないが、日本人としては相当に考えねばならぬ問題であると思う。

たとえば日本人でこのような話題にすぐに飛びついてくる人には自我の弱い人が多い。また、夢分析の場合でも、根源的なイメージに満ちたような夢を見ても、それと正面からぶつかってゆく個人としての倫理性、あるいは責任性が極めて稀薄なために、せっかくの夢を、生きることの本質とかかわるものとして受けとめてゆけない人がいるのも事実である。

トランスパーソナル学会のある幹部が言ったように、日本はトランスパーソナルな土壌に恵まれていることも事実であるが、日本の実状を考えると、これで東洋あるいは日本の優位性が示されるなどと喜んでおられぬことは確かである。哲学者の藤沢令夫は現代における哲学の現実的課題として、テクノロジーの肥大化に対しての批判としても生じてきたニューエイジ科学運動の跡づけを試みながらも、それが神秘主義や東洋の知恵といったものに短絡させられることに警告を発している(14)。藤沢はプラトン以来の哲学の基本的課題に立ちかえって、この問題を考え抜くことを、むしろ奨励している。

このような反省の上に立って私は、国際会議の要約を述べる際に次のような発言を行なった。実は先に分裂病の心理療法を行なっているジョン・ペリーのことを紹介したが、彼はなんと、日本に開国を迫ったペリーの家系に属しているのである。彼の曾祖父の弟がかのペリーであって、彼の家にはペリー提督の肖像が飾ってあるとのことだ。第一のペリーは、当時、鎖国をしていた日本に対し、先端技術によって武装された黒船をもって開国を迫ったのであるが、第二のペリーは、むしろ古代の中国の知恵によって、日本に第二の開国を迫りに来たのではなかろうか。

日本は第一の開国に大成功を博し、現在ではテクノロジーの最先端を行く国として繁栄している。しかし、このような繁栄も日本人がスピリットの世界に対して鎖国を続けることによって達成してきたとも言えるのである。従って、ここで日本人はスピリットの世界に対しても国を開き、科学においても最先端を歩みつつ、人間の霊とかたましいと言われるものについても真剣に考える必要があるのではなかろうか。確かに、日本の伝統はそれらに関する知を多く有しているが、そうかといって東洋(日本)が西洋に優位しているなどとばかりは言ってはおられず、やはり「開国」の必要性を再び西洋の方からわれわれは教えられたような気さえするのである。

注

(1) 村上陽一郎「科学で人間は判ったか」、石井／小林／清水／村上編『ヒューマンサイエンス1 ミクロコスモスへの挑戦』中山書店、一九八四年、所収。

(2) 村上陽一郎、前掲注(1)論文。

(3) 増永俊一『生命の最前線』春秋社、一九八四年。

(4) スタニスラフ・グロフとの個人的話し合いより。なおユングとアインシュタインの関係については、I. Progoff, *Jung, Synchronicity and Human Destiny*, Dell Publishing Co., Inc., 1973.(河合隼雄／河合幹雄訳『ユングと共時性』創元社、一九八七年)を参照されたい。

(5) J. Hillman, *Archetypal Psychology*, Spring Publications Inc., 1983.

(6) 中村雄二郎『哲学の現在——生きることと考えること』岩波書店、一九七七年。

(7) 中村雄二郎、前掲注(6)書。

(8) エーリッヒ・ノイマン、林道義訳『意識の起源史』上、紀伊國屋書店、一九八四年、を参照されたい。

(9) 日米のアイデンティティの問題については、河合隼雄「日米のアイデンティティ」、『図書』一九八五年一月号、参照。〔河合隼雄著作集 第十二巻 物語と科学所収〕

(10) 橋本峰雄「宗教の現状と価値観」一九八一年十月、価値観研究会におけるレポートより。

(11) 矢沢澄道「住職のゆううつ」、『図書』一九八五年五月号。このなかで矢沢は、佐伯真光『アメリカ式・人の死にかた』から引用している。

(12) C. G. Jung, Psychological Commentary on "The Tibetan Book of The Great Liberation,"

in *Psychology and Religion*: West and East, Pantheon Books, 1958.

(13) F. Vaughan, "The Transpersonal Perspective," in S. Grof, ed., *Ancient Wisdom and Modern Science*, 1984.

(14) 藤沢令夫「哲学の基本的課題と現実的課題」、『新岩波講座 哲学1 いま哲学とは』岩波書店、一九八五年、所収。

第二章　共時性について

共時性とは何か

宗教と科学の接点を考える上において、ユングが提唱した、共時性(synchronicity)ということを取りあげることが必要であると思われる。最近、小野泰博が「宗教に何が問われているか」という論文において、共時性の問題を取りあげて論じているが[1]、これまでのところ、わが国においては正面から論じられることが少なかった。というのも、これは論じることの難しいものであり、ユングもこのことを発表しようとしながら、「長年にわたってそれを果たすだけの勇気を持たなかった[2]」と述べているほどである。彼はこのような考えを、相当早くからもっていたが、公的に発表したのは、一九五一年にエラノス会議において、「共時性について」という講義を行なったのが最初である。

ユングによる共時性について、まず簡単に説明しよう。ユングは彼の心理療法の過程のなかで、「意味のある偶然の一致」の現象が、相当に、しかも心理療法的に極めて意味深い形で生じることに気づいた。彼は一九二〇年代の半ば頃から、共時性の問題について考えていたが、その頃の体験として次のような例をあげている。彼の治療していたある若い婦人は、決定的な時機に、自分が黄金の神聖甲虫を与えられる夢を見た。彼女がその話をユングにしているときに、神聖甲虫によく似ている黄金虫が、窓ガラスにコンコンとぶつかってきたのである。この偶然の一致がこの女性の心をとらえ、夢の分析がすすんだことをユングは報告しているが、このような例が、心理療法場面ではよく生じるのである。

こんなのを聞くと、それこそ「偶然の一致」で、「意味のある」などと大げさに言う必要もないと思われるだろう。しかし、もっと劇的なことは割にあって、特に筆者は夢分析を行なっているので、夢と外的事象の一致という形で、このことを体験する。たとえば、夢で知人の死を見た翌朝、その人の死亡を知らせる電話を受けて驚いた人もあった。人間の死と関連して、このようなことは起こりやすいようであり、多くの類似の体験がユング派以外の夢の研究者によっても報告されている。たとえば、メダルト・ボスは多くのこのような類の夢を発表しているので興味のある方は、それを参考にしていただきたい(3)。

今後の話の展開とも関連するものとして、ボスの紹介している一例をあげておく。俳優のシャンプムスレは、亡母と亡妻の夢を見た。そして夢のなかで死んだ妻が彼女のいるところへやってくるように合図するのを見た。彼はこの夢があまりに印象深かったので友人たちに話して聞かせ、友人たちがその夢の話を止めさせようと努力したが無駄であった。夢を見た翌々日に彼は教会に行き、役僧に三〇スウを渡し、母と妻のために死者のミサを捧げてくれるように頼んだ。役僧が一〇スウを返そうとすると、シャンプムスレは「三番目のミサがわたしのためにあるはずだから」と受け取らなかった。その日の昼食時に招いた友人たちと会話中、彼は突然に倒れて死んだ。

このような「死の告知の夢」は、筆者も周囲の人の体験として知っているのもあるし、ボスも古来から数多くの報告があると述べている。しかし、ここで大切なことは、死んでゆくすべての人が果たして、このような夢を見るかというと、否定したくなってくる。それに大切なことは、夢が外的事象と一致しないことの方がはるかに多いことも忘れてはならない。筆者は夢分析の仕事をしているので、実に多くの夢の話を聞いてきたが、時に極めて劇的な一致の事象を体験する一方、夢と外的事象は一致しないことが多いことも、よくよく経験的に知っている。従って、これらの一致が生じるからといって、これを因果的に説明することは不可能であると考える一方、それを単なる偶然として棄て去ってしまうことは、やはり片手落ちであると思われるのである。

超感覚的知覚(Extra-Sensory Perception 略してＥＳＰという)の現象に関しては、それをエーテルとか特別な電磁波などによって伝播の可能性を因果的に説明しようとする試みがなされてきた。これに対して、ユングはそのような因果的説明を拒否するところに特徴がある。そして、その上で意味のある事象の重なりが非因果的な布置(acausal constellation)をつくることがあり得ることを認めようというのである。つまり、因果律と共時性は、事象を研究する上において相補的な役割をなすものであり、両者はまったく性格を異にする原理であることを認めるのである。

今までここに述べたような事象について、話を聞くだけでも腹立たしく感じる人たちが存在することも事実である。人間にとって因果律に従って事象を把握することは、極めて重要なことであり、特に、ニュートン、ガリレオによる力学法則の発見以来、すべての事象は因果的に把握し得るという確信が強まったため、非因果的な事象に注目することに対して、強い拒否感情が生じるようになったと思われる。それを単なる偶然として無視しないと、せっかくの体系が壊されるように感じられるからである。このような態度の典型として、先に紹介したメダルト・ボスはテレパシー的な夢をあげた上、そのような夢に対してフロイトが述べたことを引用している。フロイトは非常に強く、そのようなものは夢ではないと断言する。ボスの引用を再引用すると、フロイトは「われわれはこのような純粋にテレパシー的な「夢」にゆきあたったときには、それをむしろ睡眠状態におけるテレパシー的体験と呼ぼうではないか。圧縮、移動、劇化、とくに欲求充足のない夢など夢という名に価いしない」と述べている。つまり、彼の夢の理論に合

わないようなものは、夢ではないというのである。(4)

これを聞くと随分乱暴に聞こえるが、ユングに対してこれまでしばしば投げかけられた「非科学的」という非難は、これとよく似た発想に立っている。ＥＳＰとか易とか錬金術とかにユングが興味をもっているというだけで、彼がそれに対してどのような態度で研究しようとしているかを知ることもなく、「非科学的」との非難が浴びせられたものである。彼の易についての態度は次に述べるが、彼は錬金術によって金が出来ることを信じたわけでもないし、ＥＳＰについてしばしば述べられる偽科学的因果関係の説明を承認したのではない。心理療法という人間存在の全体にかかわる仕事をするものとして、人間の無意識という非合理な存在を研究する手がかりとして、それらを研究対象としただけである。後にも述べるように、ソ連においては超常現象の研究が極めて盛んであるが、ソ連で宇宙ロケットの父と呼ばれているツィオルコフスキーはテレパシー研究者であり、彼はともかくこのような現象は自然に存在するのだから、これを非科学的な超自然現象などといって科学の領域外に押しやってしまうことこそ、非科学的であると主張している。(5) ある現象が自分たちの今もっている理論に合わぬから、偶然とか非科学的とか言ってしまうことこそ問題である。あることはあることとして、われわれはそれを研究しなくてはならぬ。ただ、どのような態度でそれに向かうかが重要なポイントとなるのだ。

易

共時性について、ごく簡単に例をあげて示したが、ユングは彼の考えの先駆者たちが既に存在したことを明らかにして、それについて論じている。ここにそれについて詳細は述べられないが、ここにおいても、東洋と西洋の対比がまた重要になってくるのである。ユングは、その点について、「われわれは、西洋の合理主義的態度が唯一の可能なものでもなく、全てを包括するものでもなく、多くの点においてひとつの偏見であり傾向であって、おそらく修正されるべきものであることを、記憶しておかねばならない。中国の太古の文明はこの点に関して、常にわれわれとは異なる考え方をしてきたので[6]」あると指摘している。

ユングが共時性の考えを発展させた基礎のひとつとして、易がある。彼は一九二〇年ごろに、実際に易をたてることを自ら試みていた。『易経』を単なる文献として読むのではなく自ら試みるところが、いかにもユングらしい。彼は「ボーリンゲンでの一夏、この書物の謎を解明するために全力をあげて取り組む決心をした。古典的な方法において慣例となっている筮竹《ぜいちく》の代りに、私は自分で葦の束を切った。易経をそばに置いて、私は百年の樹齢を数える梨の木の下で、問いと答えの相互作用の結果として生ずる託宣を照合することによってやり方を練習しながら、何時間も土の上に坐っていたものだった」(7)と語っている。彼は実際に易を試みて、それが意味をもつことを認めざるを得なかった。しかし、どうして、易をたてるという行為の結果と、人間のおかれている状況とが意味ある結びつきをするのか、このことを考えているうちに、これまで述べてきた共時性の考えが、だんだんと彼の心のうちに形成されてくるのである。

もちろん、易は巷間に用いられているように、「失せものはどこにあるか」などという極めて具体的な問いに何ら答えるものではない。『易経』を読んでみれば解るように、それはある種の「イメージ」を提供するものと言うべきであろう。そのようなイメージをどう受けとめるかは、その個人にまかされている。このことは、合理的思考のみでは解決のつかないとき、それと対立、あるいは相補的である他の原理に頼ることによって、つまり、ひとつの「偶然」によって生じる事象を「意味あるもの」として受けとめることに己れを賭けてみることを意味している。従って、このようなことをするためには、主知主義で合理主義にかたまっている人では駄目なことはもちろんだが、精神的に未成熟な人や、遊び半分の態度の人も駄目であることを、ユングは警告している。

筆者が一九六四年にアメリカに留学し、ユング派の分析を受けていたとき、ある意志決定をする上で非常に迷うことがあった。すると、分析家が「I ching」を試みるかと言う。はじめは何のことか解らなかったが、それが易であると知り驚いてしまった。当時の筆者としては、易＝迷信であり、合理的思考こそ最上のものであったからである。ともかく合理的に考え抜くことによって問題を解決したいから、易は断るというと、分析家もそれを尊重してくれ、その時は易をたてることはなかった。続いて、スイスのユング研究所に留学し、分析体験を重ねているうちに、易に対する理解も深くなるし、それほど抵抗を感じることもなくなった。

研究所で一年半以上の分析経験の後に、八科目にわたる予備試験に合格すると、実際に患者をとって分析を行い、指導を受けるようになる。これを統制分析というが、資格を取るためには二百五十時間以上の経験を積まねばならない。当時、私としてはこれが最大の難関であった。そもそも東洋人に分析を受けてみようなどと思う人があるだろうか。その上、私の語学力は極めて貧困である。ところが、まったく思いがけず五人の患者が次々と見つかったのである。これは他の西洋の研究生と比較しても珍しいことである。喜んで分析を始めたが、思いがけない条件が重なって四人の人が次々とやめていった。私はこれでは資格が取れぬかも知れぬと思い、すっかり沈んだ気持になった。まったくどうしていいか解らない。そのときに、何か手がかりを得てみようと思い易をたててみた。といっても、私は正式のたて方を知らぬので、ヴィルヘルムが示唆している六枚のコインを投げる方法に従ってみた。得た卦は地雷復であった。これは一番下に陽、後はすべて陰という卦であり、『易経』を読むよりも先に、私の心を打ったのは、陽（男性性）の欠如というイメージであり、そのことは当時の私の内的な欠陥をずばりと言い当てていた。日本人は西洋人と比較するとき、あまりにも男性性が弱すぎるのである。

易の結果を見て、ますます悲観して私は分析家のところにいった。女性の分析家フレイ博士は、私があまりにもがっくりしているのを見て、この場で易を再度たてようと言った。「易は二度たてるべきでない」ことを私は強く主張したが、フレイ博士は自分が関与することによって、新しい状況がつくられたのだから、その新しい状況において彼女が易をたてることはいいと主張した。大分議論したが、最後は彼女の熱意にほだされて私は同意した。その結果、彼女がコインを投げて得た結果は、地雷復、まったく同じ卦であった。フレイ博士は、「この現実《リアリティ》を尊重しましょう」と短く言った。

「復」はすべてをもとに返すことをも意味している。私は一人残った患者さんに対して、自分は未熟だからもう一度やり直したい。そのために二か月の休暇を欲しい、自分自身の分析に集中し、その結果もし出来そうに思ったら再開したいと頼み、了承して貰った。私はまったく初心にかえり、自分自身の分析に集中した。この二か月間の体験は、非常に大きい成果をもたらし、私はもう一度、統制分析に挑戦することにした。待っていてくれた一人の患者さんが来てくれたのみならず、驚くべきことに、やめたと言っていた二人の人も帰ってきたのである。そして、この現象も考えてみると、「地雷復」のイメージにぴったりのことであった。

これによって、筆者が患者さんのために易をたてたとか、未来の予想をするために易をたてたなどと誤解されないようにお願いしたい。易の提示するイメージを私は自分の状況を把握する上で、意味あるものとして受けとめてみたのである。

このような体験について公表することは、功罪相半ばするもので大分迷ったが、二十年以上も経過したことでもあるし、共時性について自分の体験を少しも語らぬのもどうかと思われるので、当りさわりのない例をひとつ述べたわけである。これを読んで、筆者も大分「いかれて」いると思われるかも知れぬので、ここで話題を少し「科学的」なことに変えることにしよう。

共時性と科学

中国は古代から高度の文明をもちながら、易のような共時性現象に注目したので、西洋近代に発達したような科学を発展させることができなかった。しかし、実際は、因果律も共時性も共に重要なものであり、西洋の近代は因果的思考に頼りすぎて一面的になっているので、それを補うことが必要であるとユングは考えている。

現象を全体的《ホーリスティック》にとらえる中国人の態度は、その史観にも現われている。フォン・フランツが指摘しているように、中国人は歴史を書く最良の方法は、すべての一致する事象を集めることによって、ある時の真の像を得ることであると考えていた。(8) 従って、西洋的な史観から見ると、中国の歴史の書は雑多なものの恣意的な記録とさえ見えるのである。吉川幸次郎は、アメリカで中国の歴史を教えると、こまごまとした記述は棄てて、その本質的なところを知りたいという態度をアメリカの学生たちが示し、それはすなわち、アメリカ人が中国人の史観がまったく了解できぬことを示していると嘆いていた。彼らのいう本質とは事象のなかに因果関係の連鎖を読みとることであり、中国の歴史の本質は、アメリカ人から見て末梢的と思える事象をすべて読みとった後に、全体のなかに浮かびあがってくる姿を把握することなのである。

全体の共時的連関を読みとることは、ややもすると偽の因果律と結びつく危険性をもつ。たとえば、彗星の出現と帝王の死が、ある史書に記載されたとする。それを一回かぎりの現象として、その他のその時に生じた事象と共に全体として布置されたものを読みとる態度によって、それを読むといいが、そこで「彗星が現われたから帝王が死んだ」と考え、次に彗星が現われると帝王が死ぬだろうなどと考えはじめると、それは偽の因果律になってくる。このような思考法は数多くの偽科学を生ぜしめ、それが真の科学の発展の妨げとなることは、もちろんである。中国の文明史を見ると、共時性に関する深い知恵と、上述した偽科学、それに因果律を追求する科学の萌芽などの混在が認められるのである。「彗星が現われた。だからそのうち帝王が死ぬだろう」という類の推理を科学としてではなく、「遊び」として行う人は、そこから意義ある結果を得ることもある。しかし、この「遊び」は遊びでありながら、すべてが真実のように真剣に行わねばならない。このような遊びはなかなか困難であるが、このような遊び心によって、常識を超えた創造活動が生じることがある。心理療法は常識的に考えるとまず不可能と思えることをしているので、時にこのような高度な遊び心を必要とするのである。

西洋においても、近代の科学が簡単に出てきたわけではない。ニュートンやガリレオなども、前章に述べたように、現代において言う「科学的」思考にのみ頼って事象を見ていたわけではない。ユングは共時性の概念の先駆者として、ライプニッツを高く評価しているくらいである。ライプニッツは「単子《モナド》」という概念を導入し、ひとつひとつの単子は全宇宙を反映するミクロコスモスであり、単子は直接相互に作用を及ぼし合うことはないが、「予定調和」に従って、互いに「対応」したり「共鳴」したりすると考えた。彼のいう「対応」や「共鳴」の現象は、ユングのいう共時的現象と等価のものと考えられる(9)。

ミクロコスモスとマクロコスモスの対応という考え方は、ミクロコスモスとしての人間をマクロコスモスとしての宇宙に関連づける思想であったが、西洋の近代自我が自我を世界から切り離し、自我を取り巻く世界を客観対象として見ることを可能にしたとき、そこに観察される事象は、個人を離れた普遍性をもつことになり、自然科学が急激に進歩したのである。普遍的な学としての自然科学はその後ますます力を発揮し、人間は世界を支配したかの如く見えながら、宇宙との「対応」を失ってしまったという点において、自らを宇宙のなかにどう定位するかという点で、根本的な問題をかかえこむことになった。

この問題は後で論じるとして、極めて興味深いことに、このようにして発展してきた自然科学の最先端において、それまでの方法論に対して根本的な反省をうながす問題が生じてきたのである。まず、一九〇六年にラザフォードらによってα崩壊現象が研究され、自然現象のあるものは、単に人間の無知にもとづくものではない本質的な偶然性に支配されていることが明らかにされた。続いて量子力学の分野において、ハイゼンベルクの不確定性原理やボーアの相補性の概念などにより、古典的な機械論的世界観を否定する立場が打ち出されることになった。ハイゼンベルクの不確定性原理は、現象の因果性を論じる前に問題となる物事の決定可能性について論じ、電子の位置と運動量の相方を同時に正確に測定することはできないことを明らかにした。ボーアは光や電子はときには波動のように、ときには粒子のように振舞い、その相矛盾した性質が相補的にはたらくという考えを明らかにし、機械論的なモデルを変更したのである。

ユングが共時性について発表したときは賛否相半ばし、たとえば、ユング心理学についてユング派以外の人間として、よき入門書を書いたアンソニー・ストーも、「共時性に関する彼の著作は、混乱して、ほとんど実際的価値がないと私には思えることを、告白せざるを得ない」(10)と述べている。しかし、一方ではハイゼンベルクやパウリなどの理論物理学者が、この考えに深い理解と共感を示したことも非常に興味深いことである。特に、パウリはユングと共に、共時性に関する書物を出版するに至ったのである。

わが国においては、大学におけるアカデミズムが西洋近代に追いつこうとする姿勢を強く維持してきた点もあって、近代合理主義の勢いが非常に強く、西洋よりも硬直化しているところがあり、超常現象に関するアカデミックな研究は欧米に比して極端に遅れている。もっとも、後にも述べるように、このような現象に対しては、自我の弱い人がひきこまれてしまう傾向が強いので、その人たちはアカデミックな研究に適合しないのも当然で、そのことがわが国のこのような研究の遅れを助長していることも事実である。

ここに紹介する余裕はないが、欧米では超常現象に関する研究は極めて盛んであり、特にソ連においては一九六〇年頃より、スターリン主義によるタブーの解禁と共に急激に発展し、「一九六七年に推定されたところで、年額一二〇〇万から二〇〇〇万ルーブル(約四十億円から七十三億円)の国家予算のもとに、何と二十か所、または、それ以上の超常現象研究のセンターがある」(11)という報告のあることをつけ加えておきたい。

共時性と宗教

共時性の現象の背景に、ユングは元型(Archetypus)ということを考える。ユングの元型は解りにくいし、よく誤解もされるが、ここにひとつのたとえをあげてみる。朝まだ明けやらぬうちに、牛乳配達がくる、小鳥がさえずり始める、そして朝刊の配達がある。この順序が確立しているとき、われわれは、小鳥がさえずっているから、もう牛乳が配達されているだろう、とか、小鳥がさえずっているから、もうすぐ朝刊が配られるだろう、などという。しかし、これらの事象の間に因果関係は存在していない。これらの事象の背後にある、人間生活にとっての朝、明け方、というものによって、これらは布置されているのである。われわれは朝そのものを見ることも、手に触れることもできない。しかし、それは明らかに事象にあるまとまりを与え、それは意味をもっている。これが文化の異なるところに行けば、個々の事象は変るであろう。あるところでは、新聞配達が来たから、そのうちに小鳥がさえずるだろう、と言うかも知れぬ。あるところでは新聞や牛乳の配達などまったく無いだろう。しかし、それは文化の異なるところにおいても、「朝」が人間にとってどのようなはたらきをするかは、たとえば、「活動の始まり」などの言葉によって、ある程度は一括的に記述できるであろう。

ユングは外界のみではなく、人間の内界にも、われわれの意識を超えた一種の客観界が存在すると考えた。彼はそれを類心的《サイコイド》領域と呼んだりした。外界において既に述べたような「朝」という現象が生じるとき、内界においてもそれに呼応する「朝」のパターンが活性化され、人間の意識は外的現象を「朝」として知覚するのだ、と考える。人間はこの世に生まれるとき、何もない外界に生まれてくるのではなく、既にいろいろなものが準備されているところに生まれてくるように、その内界にも既にいろいろなパターンが可能性として存在している状態として生まれてくるのである。それだからこそ、人間は人間として行動するわけである。つまり、人間はまったくの白紙として生まれてくるのではなく、そのあらゆる行動において、ある種の潜在的なパターンを背負って生まれてくる。ユングはこのように考え、潜在的な基本的パターンを元型と呼んだ。

朝が来ると相互には因果的連関をもたぬ事象があるまとまりをもって生じるように、ある元型が活性化されるとき、因果的に連関をもたぬ事象があるまとまりをもって生じると考えられる。たとえば、死の元型が活性化されると、その当人の死のみではなく、その人の愛していた時計が止まる、彼の知人が彼の死の夢を見る、などと因果的には説明できぬ事象が連関して生じる。このような考えによって、非因果的連関の事象をユングは説明しようとした。

実は今述べてきたことは、事の説明を逆に述べてきたとも言える。もとのはじまりは、個人の死、時計の停止、死の夢、などの現象が生じるのである。そこで、ひとつの態度はこれらを「偶然」のこととして、関心をもたない態度がある。これに対して、ユングはそれらの背後に元型の存在を考える、と言っても、実のところそれは仮説的で、本当のところは「実証」されぬことである。ところで、このような事象に接したとき、それらをアレンジしたものとして何らかの超越存在を確信するとき、それは宗教になってゆく。

ここで単純に「神」を導入して、神が夢のお告げによって知らせてくれた、とか、神が時計を止めたから死んだのだ、とか考えはじめると、いわゆる「迷信」の世界に結びつくことになる。これが行きすぎると、時計を止めることによって、誰かを殺そうとする、という類の低級な呪術になり、偽科学に堕してしまうのである。つまり、非因果的連関を偽の因果関係として受けとめてしまう。先にあげた朝の例で言えば、何とかして小鳥を鳴かせれば新聞配達がくるだろうと考えるようなことである。このような類の偽科学、偽宗教は日本のみならず、アメリカにも多くあり、通常は極めて合理的な人が、ある時、あるいは、ある点に関してのみは、このようなことを信じることがあるのも珍しくない。あるいは、合理主義の生き方を努力してやり過ぎている人には、一種の補償作用としてこのようなことが生じるのかも知れない。

第四章に意識について述べるときに詳しく論じるが、共時的現象を把握するのには、日常的な意識と異なる、ある種の意識状態にある方が望ましいと思われる。そして、そのような意識状態に生来的に、また修練によってなりやすい人がいることも事実である。そのような人がいわゆる拝み屋になったり予言者になったりしているようであるが、問題はそれを「職業」として成立させようとすると、そこに極めて日常的な意識が強化されてくることになる。そうなると、その人の呪者的能力は低下し、ついには何らかのごまかしをしなくてはならなくなってくる。これまで、多くの霊媒とか超常現象を行なったりしている人をよく調べた結果、ごまかしであることが発見されているが、これはおそらく最初のうちは、本当に共時的現象の把握を行なっていたのが、有名になると共に先述したような変化が生じ、ごまかしをせざるを得なくなったのではないかと思われる。

ホログラフィック・パラダイム

共時性を考える上で、現在においてどうしても考慮すべきこととして、カール・プリブラムやデイヴィッド・ボームのホログラフィによる意識のモデルという問題がある。[12] プリブラムは当代における第一級の脳の研究者であるが、一九四〇年代には「ごりごりの行動主義者」であったのが、十年周期ぐらいで、認知心理学者、ヒューマニスティック心理学者と変遷し、一九七〇年代後期にはトランスパーソナル心理学者となり、一九八二年に行われた第七回トランスパーソナル学会において、「脳の機能についてのホログラフィ仮説について」講演を行なっている。デイヴィッド・ボームは理論物理学者であるが、プリブラムの影響を受け、ホログラフィ的な考えで、宇宙や人間の意識を見ることを提唱している。スイスのダボスで行われた第八回トランスパーソナル学会では、彼は参加できなかったが、彼とインドの哲学者クリシュナムルティとの対話が映画で放映された。彼はクリシュナムルティから大きい思想的影響を受けている。

プリブラムは脳による記憶の現象を研究しているうちに、脳がいわば写真の乾板のように、記憶すべき事を脳のある部分に対応させて記憶するのではなく、すべての記憶すべきことは、いわば脳全体にひろがって記憶されると考える方が妥当であると考えるようになった。そこで、彼は「脳はホログラフィック(完全写像法的)な宇宙を解釈するひとつのホログラム(完全写像記録)である」と考えるようになる。

ここに述べたホログラフィとは、レンズを用いない一種の三次元の写真とも言えるものである。英国の物理学者デニス・ガボーアが一九四七年に発案し、後になってレーザー光線に関する研究がすすんで、一九六三年になって最初のホログラフィックな画像が実際に写し出されるようになった。ガボーアはこの発見によってノーベル賞を受賞した。普通の写真の場合は、レンズを用いることによって被写体が二次元平面に一対一に投映される。これに対して、ホログラフィでは、被写体によって散乱された光の波動野は、感光板上に干渉パターンとして記録される。これがホログラムであり、それがレーザーのような可干渉性の光線の中に置かれると、もとの波のパターンが再生され、三次元の像が現われるのである。ここに特筆すべきことは、レンズを用いていないため、ホログラムは散乱された光の干渉パターンを記録しており、ホログラムのどの一部をとっても、全体の像を再現する、という事実である。

理論物理学者のデイヴィッド・ボームは、われわれが普通に知覚している世界は、一種の顕現の世界であり、その背後に時空を超えた全一的な、彼の言う暗在系(implicate order)を有しているとの画期的な考えをもつようになった。われわれが五感を通じて知る世界は、いろいろな事物に分割され、部分化されているが、それらのものは暗在系に対する、明在系(explicate order)であり、明在系においては、外的に個別化され無関係に存在しているような事物は、実は暗在系においては、全き存在として、全一的に、しかも動きをもって存在している。これを彼はホロ・ムーブメントと名づけた。暗在系のホロ・ムーブメントは五感によっては把握できないものである。脳はこれらの現象のホログラムとして機能するのであるが、人間はものごとを知覚する際に相当な捨象を行い、顕在系として存在しているものを知覚する。ボームが人間は「つねに自然をレンズを通して眺めることによって対象物化してきた(13)」と指摘したり、彼と対話した、ルネ・ウェーバーが「思考は思考を超えるものを濾してしまう濾過器《フィルター》である(14)」と言うのを肯定したりしているのは、前述したようなことを述べているものと思われる。「思考を超えるもの」とは、暗在系のことを指しているのである。

このようなパラダイムによって考えると、共時性の現象が説明しやすくなる。プリブラムをはじめとして、ホログラフィック・パラダイムに関心をもつ学者たちが、この点について指摘しているが、このパラダイムによると、ある事象が生じたことを、何らかのエネルギーの伝播によって他に伝えるということを考える必要がなくなるのである。ボームの言葉を借りると「物質も意識も暗在系を共用している」[15]のだから、すべての事象は人間の意識とつながっているわけである。ただ、問題はそれを「知覚」することが、なぜ、ある時、ある人にのみ可能なのかということである。このことは暫く不問にして、ボームの理論を見ると、彼の言う暗在系の顕現という概念に、それほど広くはないが、ユングの言う元型的布置の考えが相当に重なっていることに気づくであろう。つまり、元型という究極的には知ることのできぬパターンの顕われとして、元型的布置の現象が認められ、そこには共時的現象が生じるのである。

心身の相関

古来からつねに論じ続けられてきた心身相関の問題も、共時性との関連で考えてみるべきだと思われる。心身に何らかの関係があることは古くから指摘されてきたし、われわれも日常生活においても経験している。恐ろしいと感じたときに冷汗が出たり、悲しいときに涙が出たりする。このときは単純に、自分の感情の変化が身体の変化を生ぜしめると考えがちだが、一方では、周知のように、ジェームス・ランゲ説というのがあって、むしろ、身体的変化が先行し、それが原因で感情の変化が生じると主張されている。こんなのを見ると、日常に生じている単純な事象でも、原因—結果という見方は容易に反転せしめ得るほどのものであることがわかる。つまり、心身相関の問題はなかなか単純なことではないのである。

ところで、十九世紀末になって、フロイトがヒステリーを精神分析の技法によって治療したことから、心理的原因による身体障害ということが、にわかに注目されるようになった。このとき、フロイトが心理的要因として「性《セックス》」を重視したことは興味深い。というのは、人間にとって「性」ということは、心にも体にも密接に関連することだからである。この点についてはここでは論じないが、ともかく、フロイト以後、心身相関の問題は心の側から見られる傾向が強くなり、心身症に対しても、「心理的原因」を追求するような試みがなされるようになった。しかし、フロイト派の分析家フランツ・アレキサンダーが一九三九年に、随意運動系および知覚系に生じる障害と、自律神経系の機能失調とを区別するべきことを提唱し、前者がヒステリーであるのに対し、後者は植物神経症と呼ぶべきであり、発生原因も異なると主張した。つまり、急に目が見えなくなったり、手足が動かなくなったりするような症状と、偏頭痛、心臓神経症、高血圧などの症状を、同列に「心因性」として扱えないことを示した。アレキサンダーは、これらすべて原因―結果の連鎖の上で考えてはいるのだが、心身相関による病いを、すべてヒステリーと同列に考えて、心理的原因を単純に探し出そうとする傾向を改変したものとして意味が高い。もちろん臨床的にはこの両者は重なり合っていて、簡単には扱えないのだが、植物神経症の場合は、心的外傷が見出されるというようなことではなく、もっと慢性のストレスが原因となっているので、単純にはいかないのである。

私が一九五九年にアメリカに留学したとき、指導教官のクロッパー教授は、癌に関する心理学的研究を行なっていた。癌が発生しても、患者の心の在り方と癌の進展との間にある程度の相関関係があるという研究で、簡単に言ってしまえば、癌に対して強く「抵抗」する人および、がっくりと参ってしまう人は癌の進展が速いが、抵抗もせず負けもせず、それはそれとして生きるような態度をもてた人の方が癌の進展が遅いという研究であった。その話のなかに、ある人は癌になったので、それじゃ死ぬまでに世界一周でもしようと、夫婦で気楽に過ごしてきたら癌が消えていたという症例報告もあった。ともかく私にとっては初めて聞くことで、そんなこともあるものかと感心して聞きながら、癌にも心理的原因が重なっているのかなどと思っていたら、クロッパー教授が、最後の締めくくりとして、このようなことから心身相関のことについて簡単に原因―結果という定式をつくり出さぬように注意したいと述べ、たとえば、気楽に世界一周をしたから癌が消えたなどということは出来ないと言われた。私もなるほど確かにそうだろうが、それではいったいどうなのかと思っていると、教授が、自分はこの点について何とも言えないが、ユングの弟子のマイヤー教授が最近主張しているように、心身相関の問題は、ユングの言っている共時性《シンクロニシティ》との関連で考えるのが一番適切であると思う、と言われた。私はこうなると何のことか全然わからず、帰って早速シンクロニシティについて調べたりしたが、もうひとつ納得がゆかなかった。

ところで、その三年後にクロッパー教授の推せんでチューリッヒのユング研究所に留学し、そのマイヤー教授に分析を受けることになったのである。私のチューリッヒ滞在中、マイヤーは「ユング派の観点から見た心身医学」という論文を一九六三年に発表し、(16)そこで、彼は心身症の問題は共時的現象として見るべきことを提唱している。心が原因で身体の方が結果であるとか、あるいはその逆として見るのではなく、それは共時的に生じていると考える。従って、心身症に対して、その心理的原因を明らかにすることによって治療を行うということは、本質的には無意味と考えるのである。マイヤーが最初に心身相関のことを共時性と関連づけたとき、ユングは大いに怒って、共時的現象はもっと稀で顕著なものであると言ったが、長い議論の末、ユングはマイヤーの説にいったん従った。しかし、その後もユングは常にこの点について迷いがあり、やはり、共時的現象を特別な場合に生じるものと考えがちであったとマイヤーは述べている。筆者としては、心身相関現象をマイヤーのような観点から見ることに賛成である。

心身症は、ではどうすれば治るのかという問題になるが、ここでまず強調しておきたいことは、心身症は心の問題によって生じるという単純な理解によって、心身症の人は何か悩みをもっているはずだとか、ストレスに弱いとか、時にはもっと誤解され、「心がけが悪い」などと考えられているのは、まったく気の毒であるということである。そのような短絡的発想で、患者を苦しめるのはまったく無意味である。心身症は、日本心身医学会の「身体症状を主とするが、その診断や治療に、心理的因子についての配慮が、とくに重要な意味をもつ病態」という慎重な定義に示されているように、心の問題が片づけばすべてが治るというようなものではない。その治療は、心の側からと体の側からの、両方の接近が必要であったり、片方のみからの接近でも治ることがある。もっとも、ここで「治る」とはどういうことかと開き直って聞かれると困るのだが、このことは最終章において少し触れることになるだろう。

今まで述べてきたことは、心の現象や身体の現象にある種の相関関係のあることを認めるものであるが、そこに短絡的に因果関係を認めることを拒否するものである。このような点において、デイヴィッド・ボームも似たような見解を表明していることは注目に値する。ボームは、「心と身体は互いに分離して存在するが何らかの相互作用《インターアクション》によって関係づけられている」と言う考えは、彼の理論と共存しないと明言している。「暗在系にあっては、心は物質一般を巻きこんでいる、なによりも身体を巻きこんでいると言わなければならない。同様に、身体は心だけではなく、ある意味において、物質的宇宙のことごとくを巻きこんでもいるのである。身体と心とは、したがって、より広大なる一個の亜総体のファクター(因子)と呼ばれてしかるべきであり、この亜総体が心身双方の基盤をなしていると言いうるのである」[17]とボームは述べている。あるいは、「心身は相互影響するにあらず。むしろ一体となって、相対的に独立した一個の総体を形成するものなり」[18]という言葉の方が、端的な表現とも言えるだろう。ここに言う、「相対的に独立した一個の総体」とは、一人の人間存在のことである。

　ここでボームの述べている「亜総体」とか「ファクター」などということを説明するために、彼が用いている巧妙な比喩を紹介しておこう。透明な四壁で囲まれた水槽のなかを、一匹の魚が遊泳していたとする。そのときに互いに直角の関係にある二つの側面からその魚を撮影すると仮定してみる。その後に、そのフィルムを二枚のスクリーンに映写すると、二枚のスクリーン上の二つの映像にはある種の相関関係が成立していることに気づくであろう。一方の内容はもう一方の内容と関連し合っている。しかし、それぞれは独立した存在をあらわしているのではなく、ある活動する実体のある面を映し出しているのである。この活動実体はスクリーン上の二つの内容より高次元の存在である。この「高次元の存在」が、たとえば、人間存在という「亜総体」であり、それぞれのスクリーンに映った内容が、それぞれ「心」、「体」というファクターであると考えるのである。

ここで心と体がファクターであるというのは、心と体の基盤となっているものとしての、より高次な実在があることを意味し、その高次の実在は心身の両者を超える性質のものなのである。あるいは、この高次の実在の次元において心身は究極的に一如であるとも言うことができる。心身症というのは、この高次の実在の状態が普通でないために、心にも体にもそれが反映されていると考えられる。ところが、われわれ人間は、その高次の実在そのものに直接に接することはできないので、心というファクターか、体というファクターを通して接近を行うのである。この場合に、心のファクターに対して、われわれがある程度の操作を行えるにしろ、それが「高次の実在そのもの」にどのように作用し、しかも、それが体というファクターにどう現われてくるかは、因果的に把握することはできないのである。「高次の実在」はそれ自身の自律性をもち、人間による機械的操作には従わないのである。もちろん、比喩はあくまで比喩であり、これをそのまま用いてすべてを考えはじめると、たちまち誤りに陥るが、これはなかなか素晴らしい比喩であると思う。心身相関の問題は、おそらく二十一世紀におけるひとつの大きい課題になるのではないかと思われる。科学、宗教、哲学の接点として意味をもつことになろうが、なかなか一筋縄ではつかまらないものである。

実際的価値

アンソニー・ストーが共時性の考えには実際的価値がないと指摘していることは述べた。一見するとそのように思えるのも無理からぬところがあり、筆者もかつてそのように考えたことがある。因果律による場合は、原因を明らかにしそれに操作を加えることによって結果を異なったものに変えられる。しかし、共時的現象というのは、ただ「そうだ」と言えるだけで、そこから何らの有用な操作を引き出すことができない。しかし、その後、筆者は心理療法家としての経験を増すにつれて、共時性の考えの実際的価値について思い至るようになった。

心理療法を受けに来る人たちは、軽症の場合を除いて、その葛藤が合理的、一般的な方法によって解決できない場合が多い。いくら考えてもよい解決策が浮かんで来ない。まさにボームの言うように思考は思考を超えるものの濾過器《フィルター》として働き、考えれば考えるほど問題解決のいと口がなくなってしまう。このようなとき共時的現象に心を開くときは、偶然として一般に棄て去られそうな事柄が、思いがけない洞察への鍵となることを、われわれはよく体験する。たとえば、ユングの例であれば、黄金虫の突然の出現が、この患者のそれまでの考えを改めさせるきっかけとなったのである。

　ここで大切なことは、共時性の現象はそれを体験する主体のかかわりを絶対に必要とすることである。つまり、黄金虫の侵入は偶然として処理し得る。しかし、それを共時性の現象として受けとめることによって、そこに主体のコミットメントが生じる。近代合理主義によって硬く武装された自我は、ある程度の安定はもつにしろ、世界への主体的なかかわりを喪失する危険が高い。ユングがよく記述する、何もかもがうまく行っていて、しかも不安で仕方がないとか、孤独に耐えられなくなるような例が、これに当たるだろう。共時性の現象を受け容れることによって、われわれは失われていた、マクロコスモスとミクロコスモスの対応を回復するのだとも言える。つまり、コスモロジーのなかに、自分を定位できるのである。

　しかし、黄金虫の例や、あるいは筆者の易の例は簡単に冷笑の対象ともなり得る。それは極めて一般性を欠いた事象であるからである。しかし、普遍的に正しいことばかりに支えられて生きていて、その人は個人としての人生を生きたと言えるのだろうか。因果律による法則は個人を離れた普遍的な事象の解明に力をもつ。しかし、個人の一回かぎりの事象について、個人にとっての「意味」を問題にするとき、共時的な現象の見方が有効性を発揮する。そして、心理療法においては、後者の方こそが重要なのである。

このような点に関して、アイデンティティとの関連において、谷泰は次のように適切に述べている。自己のアイデンティティを失う危機感におそわれている人にとって、一般的真理や普遍的命題などは何の慰めにもならない。何らかの社会的なスティグマを持って悩んでいる者に対して、学問的一般的説明などは空念仏にすぎない。そして「特殊個別的であろうとするものは、だから、つねに外から示された普遍原理に発する論理的説明の糸からはみ出しつづけなくてはならない。アイデンティティの標徴が、しばしば一般にとりこまれることのない、秘儀性、背理性をもつのはまさにこのためである」[19]と谷泰は述べている。

この秘儀性、背理性をもつものとして、しばしば共時的現象が存在し、多くの宗教が「奇跡」について語るのもこのためと思われる。現在においては特定の宗教集団の教義を信じられない人も、何らかの意味で自分のアイデンティティを探索することが必要であり、それは神経症や人間関係の障害などの形をとって、その人を悩ませるが、その解決の過程において結局はアイデンティティの問題が浮かびあがってくる。そして、心理療法の過程において、その人なりの共時的現象を体験し、それを支えとして、アイデンティティが深化されてゆく。

このように考えると、ある人にとってはあらゆることが共時的現象と受けとめられる危険性がないかという疑問が湧くであろう。確かにそのとおりで、これは下手をすると迷信の集積になる。ユングは思考機能に対するものとして感情機能をあげ、両者は相反するものであるが、相補う性格のものであるとした。フォン・フランツは共時的現象を判断するときの感情機能の重要性を指摘し、思考よりはむしろ、感情によって判断することを強調している。現代人はどうしても思考機能が肥大し、感情機能が弱くなる傾向が強いが、共時的現象にかかわろうとする態度は、感情機能を発達させることとも関係してくるのである。

家庭や人間関係の問題を考えるとき、単純に因果的思考に頼ると、すぐに「原因」を見出し、誰かを悪者にしたてあげることが多い。たとえば、母親が悪の根源のように思われたりする。しかし、全体の現象を元型的布置として見るときは、誰かが「原因」などではなく、すべてのことが相関連し合っている姿がよく把握され、そのような意識的把握と、その全体の布置に治療者が加わってくることとによって、事態が変化するものである。つまり、誰が悪いかと考えるよりは、皆がこれからどのようにすればよいかと考えることによって、解決の道が見出されてくるのである。実際、われわれ心理療法家が、困難な問題をかかえている人にお会いすると、本人も家族も、自分を悪者にされぬように、あるいは自分以外の誰かを悪者に仕立てるために一所懸命で、バラバラになって硬直した関係をつくりあげている。またなかには、そのようなことを助長するような発言をする「教育者」とか「治療者」も多くいる。こんなときに、因果的思考から全員が自由になるだけでも、家族関係は変るし、視野も広くなるし、回復への道が発見しやすくなるのである。このように、共時性に注目する態度をもつことは、実際的価値を有していると思われる。

注

(1) 小野泰博「宗教に何が問われているか」、『こころの科学』1、一九八五年。
(2) ユング／パウリ、河合隼雄／村上陽一郎訳『自然現象と心の構造——非因果的連関の原理』海鳴社、一九七六年。
(3) メダルト・ボス、三好郁男／笠原嘉／藤縄昭訳『夢——その現存在分析』みすず書房、一九七〇年。同書の第三部十五章「夢における「超感覚的な」かかわりの可能性」を参照されたい。
(4) 晩年のフロイトは、しかしながら、テレパシーに関心をもち、英国および米国心霊学会の会員であった。アーネスト・ジョーンズは、精神分析が信用をおとすのを恐れ、フロイトがテレパシーへの関心を公にしないように勧めたという。アーサー・ケストラー、村上陽一郎訳『偶然の本質』蒼樹書房、一九七四年による。
(5) 立花隆『宇宙からの帰還』中央公論社、一九八三年。
(6) ユング、前掲注(2)書。
(7) ヤッフェ編、河合隼雄／藤縄昭／出井淑子訳『ユング自伝』2、みすず書房、一九七三年。

(8) M.-L. von Franz, *On Divination and Synchronicity*, Inner City Books, 1980.

(9) 後述するデイヴィッド・ボームもライプニッツの単子《モナド》論を高く評価している。

(10) アンソニー・ストー、河合隼雄訳『ユング』岩波書店、一九七八年。

(11) オストランダー／スクロウダー、橋本健監修・照洲みのる訳『ソ連圏の四次元科学――赤い国の霊的革命』上、たま出版、一九七三年。

(12) ホログラフィック・パラダイムに関しては、主として、K・ウィルバー編、井上忠他訳『空像としての世界――ホログラフィのパラダイム』青土社、一九八三年、を参考にした。

(13) K・ウィルバー編、前掲注(12)書。

(14) K・ウィルバー編、前掲注(12)書。

(15) デイヴィッド・ボーム「宇宙の暗在系―明在系と意識」、竹本忠雄監訳『量子力学と意識の役割』たま出版、一九八四年、所収。

(16) C. A. Meier, "Psychosomatic Medicine from the Jungian Point of View," *Journal of Analytical Psychology*, vol. 8, 1963.

(17) デイヴィッド・ボーム、前掲注(15)書。

(18) デイヴィッド・ボーム、前掲注(15)書。

(19) 谷泰『「聖書」世界の構成論理――性、ヴィクティム、受難伝承』岩波書店、一九八四年。

第三章　死について

死の恐怖

一九五九年、フルブライト留学生として、ＵＣＬＡの大学院に留学していた頃、ちょっと珍しいアルバイトをした。それは精神病院に入院中で歩行困難な患者さんを、移動ベッドで戸外に連れ出し、日光浴をしながら雑談をするというのである。精神病院に入院しているんだから配慮も必要で、臨床心理専攻の学生に限るアルバイトだったと思う。精神病院だから患者さんはおそらく精神分裂病だろうし、そのような患者さんと話し合うのもよかろうと思い、行くことにした。

数回会っているうちに決して分裂病ではないとは思ったものの、診断名が解らない。それでも会っているうちに親しくなってきた頃、患者さんが真剣な顔になって、自分の診断名は家族も医者もひた隠しにしているが、実は「多発硬化症」である、ふとした機会に自分はカルテを盗み見してそれを知ったが、どうも大変な病気のようである、と言った。その頃、私は多発硬化症のことなど知らなかったので、帰宅して早速調べると、それは不治の病いであり、内容を詳しく知れば知るほど、気が重くなり、会い続けてゆく力が湧いて来ない。

当時、ユング派の分析を受けていたので、この事を話すと、分析家は、そういうことだったらその人の死の準備の援助をする気はないかと問いかけてきた。それが不治の病いであることをはっきりと言い、死のための心の準備をするための話し合いを続けては、というのである。ユング派の分析家で、しかもカトリックの神父というエールワードさんが専ら死の準備のための分析をし、よい仕事をしているという。今ならともかく、当時の私にはこれはあまりにも思いがけないことであり、自分は到底そんなことは出来そうにないと答えると、自分が出来そうもないと感じるかぎりは決してしてはならないことだということで、このことはけりがついた。

このことで私はショックを受けたり、己れの無力さを感じたりしたが、一方では、自分がユング派を選んだのは、多分に偶発的なことだったが、そこには内的な必然性があったことが解り嬉しく思った。というのは、死の問題は私の幼少時代からの課題であったからである。何時頃からかは明確でないが、おそらく五、六歳頃に私は死に対する恐怖や疑問をもっていたように思う。自分が死ぬということはどういうことか、なぜ死なねばならぬのか、などと考えこんだものである。その課題を戦争中もずっと持ち続けてきたが、このようにして死を正面から見すえようとする学派にたどりついたことは、自分にとって大いに意義深いことと思われたのである。

自分が死についての関心が高いためか、よく観察していると、多くの小さい子どもたち、五歳前後の子どもたちが死について関心をもっていることが解ってきた。われわれの相談室に訪れてくる子どもたちを通じて、そのことをよく知らされるのである。ついでのことながら、人間は一般的に言って、人生のある時期に死についての関心が高まるように思われる。たとえば、ここに述べた五歳前後とか、あるいは青年期とか。そのような時期は人生における変化のとき、節目と重なっていると思われる。

話を子どものことに返すと、森崎和江は自分の二人の子どもがそれぞれ、三、四歳の頃に死について問い、死の恐怖について問うたことを述べている。(1) 夜、泣きながら問いかけてくる幼な子に対して、母親は「神も仏も天国もことばに出てこない」。「あのね、みんな、こわいのよ。でも、元気よく生きるの」と言いつつ泣いてしまう。ところが、「そのうち、子がわたしの背へちいさな手をのばし、撫でつつ言った。「泣かないでね、もうこわいこと言わないから」」。これは感動的である。死という恐ろしいことを親子で見つめるなかで、幼い子が母を慰めているのである。「わたしは子どもの掌のあたたかさに慰められ、ありがとう、と、つぶやいた」と森崎は述べている。ここに示されるような深い母子の心の交流は、死ということを避けていたのでは決して生じないことではなかろうか。死の恐怖それ自身は問題ではない。それをごまかそうとするときに問題が生じてくると思われる。

死の恐怖を和らげるために、近代の医学は随分と貢献してきた。今まで不治あるいはそれに近いと思われてきた病いが、医学の発達により予防されたり、治療法が見出されたりしてきて、平均寿命が急速に延びてきたことは周知のとおりである。われわれは平均的に考えて若死にする心配などせずに、ともかく元気に生を楽しめるはずなのである。ところが、このような近代医学の発達が、予期しない別種の死の恐怖をもたらす可能性のあることを、村上陽一郎は鋭く指摘している。(2) 彼は脳死の問題を取りあげ、「生命維持装置は、もはや延命装置ではなく、綜合的な死よりも早い時期に、死の判定を置くための「死促進」装置である、というような印象が一般に拡が」ることを危惧し、われわれの死をできる限り延ばしてくれるものとしての医師への信頼感が崩れてゆくことをおそれている。極論すれば、われわれを死から守ってくれると思っていた近代医学が、われわれの死を促進するのではないかという、新たな恐怖を与えるようになったのである。

死の位置

近代医学の発達によって、われわれはともかく死を少し遠ざけられるようになった。

しかし、死はいずれやってくる。ここで極端に死を拒否しようとする心情が「近代科学」と妙な結合を行うと、第一章に述べたような、アメリカにおける死化粧兼防腐処理《エンバーミング》の隆盛のようなことになってくる。死者はまったく「生けるが如き」姿のままでいるし、花束は美しいし、葬儀屋の巧みな演出によって、参列者は出来るかぎり死に直面しないように、あるいは、死のことを忘れてしまうようにされる。しかし、いかに工夫しても、死を否定し去ることはできない。

いささか喜劇的にさえ見える工夫をこらしてまで、アメリカの人々が死を拒否しようとするのは、彼らのもつ世界観のなかに死が位置づけられないからである。既に第一章に述べたように、西洋の近代自我は一回限りの復活という信仰によって支えられてきた。しかし、近代科学の知識を受けいれた人にとって、一回限りの復活の信仰にコミットすることは至難のことである。

死ということを自分の人生にどう位置づけるか、人間であるかぎり誰も経験したことのない「死」を、自らの生のなかにどう定位するのか。この問題に対する回答として、おのおのの文明はそれにふさわしい宗教をもった。宗教によって死をうまく位置づけることによって、人々は安心して生きることができたのである。欧米人と会話していて、時に「日本人は輪廻を信じているから羨ましい」と言われることがあった。日本人で輪廻を信じている人など殆んどいないと答えると、非常に不思議そうに、それでは日本人はどうしてあれほど静かに死ねるのかと言う。それらの人のなかには、戦争中の神風特攻隊の例をもち出す人もあったし、自分と日本人との交際の経験から、死を静かに受容する日本人のことを話す人もあった。あるいは、ハイジャックによって死の危険が感じられるときの、日本人乗客の信じ難い落ち着きを指摘する人もあった。彼らからすれば、これらの安定感は輪廻の信仰がもたらすものに違いないと感じられるのである。そこで、輪廻どころか、多数の日本人が特定の宗教を厳密な意味では「信仰」していないなどと知ると、彼らはその不可解さに呆れてしまう。

現代の日本においても、死が生活のなかにしっかりと定位されている文化は存在している。前述した森崎和江は、沖縄においては「死者が生者とともになお日々身近にいるのだと感じ、……それは観念としてというよりも、しぐさや会話として日常生活化していた」ことを述べている。[3] また、最近発表された、藤村久和による詳細なアイヌの人々の生活の報告を読むと、[4] その本の表題の如く、アイヌの人々が「神々と共に生き」、老いや死ということが彼らの生活のなかに見事に位置づけられることを知ることができる。

このようなことを見ると、現在、仏教の儀式として日本の現代人が形式的に行なっていることの多くは、むしろわが国の固有信仰から引き継がれてきたものであり、意識的には欧米人の言うような「信仰」をもたなくても、古来から日本人の無意識内に底流し続けている宗教性によって、あんがい日本人の安定感が支えられているのではないかと思われる。

日本のことは暫くおき、欧米の状況について考えてみよう。近代科学の発達とともにキリスト教のドグマを受けいれられなくなった人々も、科学やイデオロギーによる社会の進歩発展ということに希望を見出してきた。そして、そのようなことこそが「現実」であり、宗教のようなまやかしではないと確信してきた。しかし、そのような「進歩発展」ということも、正しい現実などでないことが最近になって明らかになってきた。進歩発展は、どうしても青年、壮年のイメージと重なり合い、それだからこそ上に述べたように、その世界観のなかに老いや死を入れこむことが難しかったわけである。このような反省の上にたって、西洋に新しく起った運動は、今まで出来るかぎり拒否しようとしてきた死を、虚心に正面から見つめてみようということであった。そのときに大切なことは、死を特定の宗教に基づく観念によって見るのではなく、できるかぎりその現象そのものを無前提に見てゆこうということである。

臨死体験

何らの前提をもつことなく現象を正面から見てゆこうとするという点において、これから述べようとする死に関する研究は「科学的」と呼べるものである。しかし、その際に相手を客観的な対象として扱うのではなく、できるかぎり相手と共感し、経験をわかち持とうとする点において、従来の自然科学的な態度とは異なるといっていいだろう。しかも、それは研究者自身の内面に対しても目が開かれている点においても、従来の自然科学とは異なると言ってよい。

癌の宣告を受け余命いくばくもないことが解っているような患者たちに対して、死に至る道について話し合い共感してゆくことを、わが国にもよく知られている、キュブラー・ロス女史が長年にわたって行なってきている。同女史は今回のトランスパーソナル学会でも発表を行なったので、個人的にも話し合う機会もあり、多くのことを教えられた。現在、彼女は死んでゆく子どもたちとの話し合いを続けており、その経験をまとめた本の日本訳が一九八五年春に出版された。[5] 同書にも述べられているが、今回の学会においてロス女史がもっぱら強調しようとしたことは、死後生(life after death)の存在であった。そして、彼女は死後生について信じているのではなく、知っていることを強く主張するのであった。

彼女がこうまで存在を強調する死後生について語る前に、臨死体験(near death experience)の研究について述べておかねばならない。アメリカの精神科医レイモンド・ムーディは、一九七五年にLife After Life(邦訳『かいまみた死後の世界』)を出版した。[6] ムーディは最初に哲学を専攻し、後に医学に転じたが、哲学の講義で霊魂の不滅について論じたときに、学生の一人から彼の祖母の臨死体験について聞かされ、その後は積極的にこの問題と取り組むことになった。臨死体験とは、医者が医学的に死んだと判定した後に奇跡的に蘇生した人の体験、および、事故、病気などで死に瀕した人の体験である。ムーディは間接的な資料も加えて約百五十の事例から、次に述べるような結論を出したのである。

臨死体験は人によってそれぞれ異なるが、驚くほどの共通点が存在する。それらの共通点を組み合わせて、ムーディはひとつの理論的な「典型」を提出している。これは非常に重要と思われるので、そのままここに引用してみよう。

わたしは瀕死の状態にあった。物理的な肉体の危機が頂点に達した時、担当の医師がわたしの死を宣告しているのが聞えた。耳障りな音が聞え始めた。大きく響きわたる音だ。騒々しくうなるような音といったほうがいいかもしれない。同時に、長くて暗いトンネルの中を、猛烈な速度で通り抜けているような感じがした。それから突然、自分自身の物理的肉体から抜け出したのがわかった。しかしこの時はまだ、今までとおなじ物理的世界にいて、わたしはある距離を保った場所から、まるで傍観者のように自分自身の物理的肉体を見つめていた。その異常な状態で、自分がついさきほど抜け出した物理的な肉体に蘇生術が施されるのを観察している。精神的には非常に混乱していた。

しばらくすると落ちついてきて、現に自分がおかれている奇妙な状態に慣れてきた。わたしには今でも「体」が備っているが、この体は先に抜け出した物理的肉体とは本質的に異質なもので、きわめて特異な能力を持っていることがわかった。まもなく別のことが始まった。誰かがわたしに力をかすために、会いにきてくれた。すでに死亡している親戚とか友達の霊が、すぐそばにいるのがなんとなくわかった。そして、今まで一度も経験したことがないような愛と暖かさに満ちた霊――光の生命――が現われた。この光の生命は、わたしに自分の一生を総括させるために質問を投げかけた。具体的なことばを介在させずに質問したのである。さらに、わたしの生涯における主なできごとを連続的に、しかも一瞬のうちに再生して見せることで、総括の手助けをしてくれた。ある時点で、わたしは自分が一種の障壁《バリヤー》とも境界《ボーダー》ともいえるようなものに少しずつ近づいているのに気がついた。それはまぎれもなく、現世と来世との境い目であった。しかし、わたしは現世にもどらなければならない、今はまだ死ぬ時ではないと思った。この時点で葛藤が生じた。なぜなら、わたしは今や死後の世界での体験にすっかり心を奪われていて、現世にもどりたくはなかったから。激しい歓喜、愛、やすらぎに圧倒されていた。ところが意に反して、どういうわけか、わたしは再び自分自身の物理的肉体と結合し、蘇生した。

これは一種のモデルであり、個人によっていろいろ異なるのは当然である。ムーディはこのモデルに含まれる約十五の要素のうち、多くの人が八ないしそれ以上の要素について報告し、十二の要素を報告した人が数人いると述べている。また、人によってはこのモデルとは異なる順序で体験しており、たとえば、「光の生命」に出会うのが肉体から離脱するより先であることもある。また、臨床的な死を宣告された後に蘇生したが、先に述べたような体験を一切しなかったと報告する人もある。

これらの体験をした人は誰も、このようなことを適切に表現できる言葉が全然見つからぬことを強調している。それとその内容があまりにも予想外のことなので他人に話をしても、まともに受けとって貰えないということもあった。このためにこのような体験をした人も沈黙を守っていることが多く、ムーディたちが真剣に聞いてくれるので、はじめて話をしたという人もある。ここに述べられている身体外意識の体験は、ユングも共時性の一現象として記述しているが、[7]当時ではなかなか信用されなかったものである。交通事故で足がちぎれたりした人が、自分のその体を上から眺めているというのだから、まったくの幻覚と思われがちだが、そのときにその人の見た事実と現実がぴったりと照合するので信頼せざるを得ない。特に、キュブラー・ロスが全盲の人たちの体験を報告しているのは興味深い。[8]彼らは全盲でありながら、臨死体験の際は、そこに居あわせた人の身につけていた着物や装身具などまで描写できるのである。

わが国でも死ぬときに既に死んだ親しい人が「お迎え」に来ることはよく語られているし、実際の例に接することもある。前章に紹介したボスの報告した「死の告知」の夢でも、先に死んだ母や妻が迎えに来たことを夢見ている。死ぬ前に、このようなお迎えの夢を見る人は割に多くあるようだ。特に、ボスの紹介した例では、本人が元気で直後の死を誰も予想できぬときに見ているので劇的に感じられるわけである。キュブラー・ロスは、子どもたちの死をたくさん見とっているが、注目すべき例を報告している。子どもたちは死の直前に彼女の言う「透《す》んだ瞬間」と呼ぶひとときを持つ。そのときに「もしもよかったら今体験していることを話してくれませんか」と尋ねてみる。そのときにある子は、母とピーターが待っていてくれるので大丈夫と答えた。これは家族もろとも交通事故に遭い、母親は即死、この子とピーターは別々の病院に収容されていたのだった。そして、実際にピーターはこの子の亡くなる数分前に死亡していた。キュブラー・ロスは、このような例を多く調査し、「子供がだれかが待っていると言ったとき、それは当たっていた。実際にその人は、その子供が死ぬ前に——たとえそれがほんの少し前であれ——死んでいたのだった。そしてどの子供も、これらの親族の死を前もって知らされてはいなかった。これは偶然の一致であろうか？」と明言している。(9)

ムーディの報告は多くの具体例に満ちており興味深いが、詳細を知りたい人はムーディの本を参考にしていただくとして、彼の報告のなかで注目すべき二、三の点に触れておきたい。まず、ムーディが「光の命」と名づけている存在についてであるが、これに対して彼は「わたしが研究した事例に共通する各要素の中で、最も信じ難く、同時に体験者に対してまぎれもなく絶大な影響を与えているのは、非常に明るい光との出会いである」[10]と述べている。この光は死に瀕している人にとって人格をもったものとして感じられ「その生命から発散される愛と温情は、ことばでは到底説明しきれないものであり、彼らはこの光の生命に完全に包み込まれ」るのである。なお、この光が何者かについては、「体験者個人の信仰、教育、あるいは信念によって大きく左右される」ことが特徴的で、この光を「キリスト」と解釈したり、「天使」と解釈したり、特定の宗派と関連づけず「光の生命」であると言ったりする。残念ながらムーディの事例には仏教徒は含まれていないようであるが、わが国でもこの種の研究が発展すると、興味ある例が報告されるであろう。

この「光」に対しては、ムーディも指摘しているが、有名な『チベットの死者の書』[11]に述べられている、「光明《オエセル》」との類似性に気づかされる。『チベットの死者の書』はチベット密教古派の経典であるが、エヴァンス・ベンツによって一九二七年に英訳され、一九三五年にドイツ語版が出版されたとき、ユングはベンツの依頼を受けて心理学的注解を書いている。当時はあまり注目されなかったが、現代では非常にひろく読まれ、『チベットの死者の書』はアメリカのヒッピーたちの一種の指南書になっている。神学者のパウル・ティリッヒはユングに関心が深く、筆者もユング研究所で彼の講義を聞いたこともあるが、臨終の際に『チベットの死者の書』を読んで欲しいといったというエピソードも伝わっている。『チベットの死者の書』とそれに対するユングの注釈について、ここでは詳しく触れる余裕はないが、この書に記載されている、死者が体験することの記述が、ムーディの報告と極めて類似性が高いことを強調しておきたい。この書は死んでゆく人の枕辺で僧が読誦する「枕経」的なものであるが、死者の魂が輪廻を離脱して不死性を獲得する方向に向かうように教えるものであり、そこには死者の魂がさまよう中陰の様子が描写されることになる。その描写がムーディの報告と類似性をもち、既に述べたような中陰の光明も、ムーディの言う「光の生命」との類似を感じさせるのである。

ユングは『チベットの死者の書』の注釈のなかで、スウェーデンボリの著作との類似を指摘し、この両者の間に関連があったなどとは考えられないので、このような類似は極めて興味深いと述べている。(12) スウェーデンボリ(一六八八―一七七二)はストックホルムに生まれた偉大な科学者、哲学者というか、簡単な分類を許さない巨大な人物であるが、彼自ら「死の技術」と呼んだ方法を体得し、死後の世界を自ら探索してきたと主張し、膨大な「霊界著述」を残したことが有名である。ユングはスウェーデンボリの著作を相当に読んでいたと思われるが、『チベットの死者の書』に描写される死後の世界と、スウェーデンボリの霊界体験に多くの類似点のあることを指摘しているのである。スウェーデンボリも「主の光」について記述しており、それは霊界に満ち満ちていて、たとえようもない明るい光であったと述べている。

ムーディの研究によって明らかにされた、臨死体験の記述が、古来からある「死後の世界」の記述と多くの類似点をもつことは、なかなか興味深い事実である。

銀河鉄道の夜

『チベットの死者の書』や、スウェーデンボリの霊界著述などを見ると、おそらく、これらの宗教的天才は病気や事故などによる臨死の状態ではなく、修行によってそれと類似の意識状態になることができたのではないかと思われる。このような仮説に立って極めて大胆な推察を行うと、宮沢賢治の名作『銀河鉄道の夜』は、賢治自身の臨死体験を基礎として書かれたのではないか、と思われるのである。このような推察を抱く理由のひとつは、『銀河鉄道の夜』の記述に、ムーディによる臨死体験の記載と一致または類似するものがあまりにも多いからである。

今から数年前、ＪＢＢＹ(日本国際児童図書評議会)から宮沢賢治について何か話をするようにという依頼を受けた。当時としては、ちょっと思い切ったことの言い過ぎかと思ったが、活字にするのではなく聴衆の顔を見ながらの話なので、先に述べたような仮説に基づいて『銀河鉄道の夜』について講演してみた。ところが壇上で感じる聴衆の反応は非常に肯定的であり、嬉しく思った。後でＪＢＢＹの役員の方たちと話し合ったときも、私の話を深く感じとって下さっていることがわかり、心の強い支えを感じたのである。ここに詳述はしないが、その時に話をしたことの重点のみを紹介してみたい。

賢治の『銀河鉄道の夜』が彼の妹のとし子さんの死につながると考える人は多く(13)、筆者もこれに賛成である。賢治が妹を失った悲しみがどれほど深いものであったかは、「永訣の朝」、「無声慟哭」などの詩を見れば明らかである。しかし、賢治の場合は、常人のような悲しみや嘆きの段階を通り越し、彼の類い稀れな宗教性のためにムーディの記述しているように臨死体験をもつことになったと思われる。あるいは、彼の妹に対する深い共感性の故に、妹の死出の旅路に行ける限り同行した――ジョバンニがカンパネルラにそうしたように――と言うべきであろう。

『銀河鉄道の夜』については、いつかもっと詳細に論じてみたいと思っているが、ここにはその中に示される記述と、臨死体験との著しい類似性にのみ焦点を当てて述べることにする。

まず、「銀河ステーション」からの発車の際の描写に注目してみよう。

するとどこかでふしぎな声が、銀河ステーション、銀河ステーションと言う声がしたと思うと、いきなり目の前が、ぱっと明るくなって、まるで億万のほたる烏賊《いか》の火を一ぺんに化石させて、そこらじゅう沈めたというぐあい、またダイヤモンド会社で、ねだんがやすくならないために、わざと獲れないふりをしてかくしておいた金剛石を、だれかがいきなりひっくりかえしてばらまいたというふうに、目の前がさあっと明るくなって、ジョバンニは思わず何べんも目をこすってしまいました。

これに続いて、列車がごとごとごとごとと走っている描写があるが、ムーディによる臨死体験の最初の部分にある耳障りな音やトンネルの感じに対応している。それに何よりも「億万のほたる烏賊の火を一ぺんに化石させて……」という賢治によるこの世ならぬ光の描写は、ムーディの「生命の光」の輝きにつながるものと思われる。その後に銀河鉄道沿いに見られる「青白く光る銀河の岸に、銀いろの空のすすきが、もうまるでいちめん、風にさらさらさらさら、ゆられてうごいて、波を立てている」景色なども、この世ならぬ透明な輝きの巧みな表現と受けとめられる。

ジョバンニが同行するのが少年であり、少女でないということは、賢治と妹とし子のことを考えると不思議な気がする。しかし、カンパネルラというのは、むしろ、少年よりも少女向きの名前ではなかろうか。『銀河鉄道の夜』を読みつつ、カンパネルラが男性か女性か、ふと解らなくなる感じを読者はもつのではないか、と思われる。この点はもう少しつっこんで考えねばならないと思うが、賢治は、とし子と共に死後の国を旅するときに、男性・女性の区別を超えた存在として妹を感じたのかも知れない。

ムーディの「モデル」には述べてないが、それを詳しく説明する際に、彼は体外意識体験において「絶望的なほどの孤独」を感じることを述べている。ジョバンニが銀河鉄道の旅の間に感じる孤独感も、非常によく描写されている。たとえば、「こんなしずかないいとこで僕はどうしてもっと愉快になれないのだろう。どうしてこんなにひとりさびしいのだろう」と、ジョバンニが感じるところがある。カンパネルラは後から乗ってきた女の子とばかり話し合っているので、ジョバンニはいっそう辛く感じているのだ。しかし、そのカンパネルラにしても「さびしそうに星めぐりの口笛を吹」いている。

臨死体験のとき、不思議な声が聞こえてきたということを報告した例がある。たとえば、「ある声が聞えました。人間の声ではありません。五感の枠外で聞いているような感じで、わたしがなすべきこと――戻ること――を告げていました」というのがある。『銀河鉄道の夜』で、ジョバンニがときどき聞いた、「やさしいセロのような声」がそれに相当するようだ。「セロのような声」はジョバンニに語りかけ、ジョバンニを慰めて、深い知恵を授けてくれる。「声」は彼によく勉強するように、そして実験をしてみることが大切である、と教えてくれる。そして、「おまえがほんとうに勉強して、実験でちゃんとほんとうの考えと、うその考えとを分けてしまえば、その実験の方法さえきまれば、もう信仰も化学と同じようになる」(傍点引用者)と極めて重大な発言をするのである。

『銀河鉄道の夜』と臨死体験の類似は、このような細部にわたるもののみならず、全体として感じとられる、この世ならぬ透明さという点と、確かにこの世のことでないことは明らかでありながら、単なる絵空事ではないしっかりとした実在感という点にも認められる。スウェーデンボリの著述に対して、コリン・ウィルソンは「確からしさの手応え」があると高く評価したという。臨死体験を語った人が、「幻覚とは似ても似つかないものであった」と強調するのも、それがひとつの「現実」であると言いたいからであろう。それではそれは正真正銘の現実なのであろうか。次にその点について考えてみよう。

「知る」ということ

キュブラー・ロスは最近に於ては、死後生(life after death)について彼女が信じている(believe)のではなく、科学者として知っている(know)ということを強く主張している。信じる、という場合は、死後生が存在するかどうかということは、その人の主観的な判断となり、客観的判断の対象とはならない。しかし、「知る」というときは、そのことの存在は客観的な事実となってくる。この点について、キュブラー・ロス『新・死ぬ瞬間』の二人の訳者、秋山剛と早川東作は、次のような興味深い事実を、「訳者あとがき」に記している。

秋山は、死後生は信仰の問題であって科学の認識対象ではないと主張するのに対し、早川は、その立場が一般的であることも認めつつも、死後生は蓋然的であって近年の超心理学上の知見によれば、ロスの主張するように科学的事実である可能性は否定できないと主張する。しかし、両者とも死後生を確信することがターミナルケアの精神的支柱になると理解している。この訳者たちの立場と思想の相違は、宗教と科学の接点ともいえるロスの仕事の理解に役立ち、訳の上で二人が相補的な立場をとることになり中庸を保てたように思う。

ロスが「信じる」と言わず「知る」と強調するのは、彼女の語ることが事実に基づいているのであり、彼女の信念とか想像に基づいているものでないこと、そして、それは事実であるが故に変更することは出来ないことを明らかにしたいのである。彼女の言う「事実」とは既に示したように、臨死体験の高い一致度、および彼女が死にゆく人より聞いた事実などによっている。そのなかには、体外意識とか、死んでゆく人が自分より先に死んだ人のことを、その人に何も伝えていないのに必ず知っているとかの事実も含まれている。彼女がわれわれに語りかけてくるときも、何とかして自分の信念を伝えたい、信念を分ち合いたいという情熱よりも、事実を知って欲しいという、落ち着いた深い自信の方が感じられるのである。そこには「確からしさの手応え」を感じさせられる。

ユングの死ぬ二年前、一九五九年にBBC放送が彼にインタビューを行なった。これはフィルムにして残されているので、筆者も留学中にユング研究所で見ることができた。そのなかで、「あなたは神を信じますか」という問いに対して、ユングは暫しの沈黙の後に力強く、「私は知っています」(I know)と答える。これを聞いた時に一瞬にして生じた聴衆のざわめきを今もよく覚えているが、これは通常のクリスチャンにとって、相当にショッキングな返事であっただろう。このためたくさんの投書があったりして、ユングは誤解を解くために『リスナー』誌に自分の考えを明らかにするための手紙を出した。ユング研究所で映画を見たときも、そのような点を配慮してのことであろう、ユングの『リスナー』誌宛の手紙をわざわざコピーして配布し、有志のもので話し合う会をアレンジした人があった。このときのユングの手紙および、彼のその他の著作などから推して、この問題は次のように考えられるであろう。

ユングは幼少時から、物事をわけもなく信じるのは嫌な傾向を強くもっていた。彼の父は牧師であり、もともと宗教性の深かったユングは父とよく宗教的なことについて話し合った。そんなときに、父親はいらだって、「お前はいつも考えたがっている。考えちゃいけない。信ずるんだ」(14)と口癖のように言った。しかし、それはユングの出来ないことであった。父親はユングに堅信礼のための教えを個人教授してくれた。ユングは三位一体について関心をもっており、父親がどう説明するか期待していた。ところが、父親は「三位一体のところへ来たが、ここは省略しよう。だって本当のところ私には少しもわからないんだから」と言った。ユングは父の正直さに感心するが、すっかり絶望してしまう。実際、ユングはその生涯にわたって、三位一体を信じるのではなく、知ろうとして努力し続け、大きい業績を残したとさえ言えるのだが、この点はここでは触れずにおこう。

ユングが「神を信じるか」と問われ、「私は知っています」と答えたのは、まず第一に「考えるよりは信じろ」という態度に対して一矢を報いたかった点があるだろう。よりよく考え、より多く知ろうとする態度によってこそ宗教性は深められると彼は主張したいのである。従って、事実に関係なくただ信じているのではなく、自分の経験的事実に基づいて彼の宗教は成立しているのである。しかし、その「事実」は単なる外的事実のみではなく、内的な事実も含み、内界は彼にとって——前章に述べた如く——ある客観世界なのである。従って、彼が「知る」と述べているのは、「それ自体は未知のある要因と対峙している」[15]ことを知っており、その未知のある要因を一般の同意に従って「神」と呼ぶことを意味している。そして、その「未知のある要因」と対決し、その現象を慎重に観察することこそ宗教の本質であると考えている。自ら経験し、そのことを「知る」ことが、彼の世界観の基礎にあることをユングは強調したいのである。

キュブラー・ロスの場合も同様のことが言えるであろう。彼女も「死」という人間にとって未知のある要因に対して、形而上学的に考えたり、特定の宗教の教義に従って考えようとしたり、信じたりしようとしたのではなく、死に対峙し、そこに生じる現象を慎重に観察したのである。そこに生じた現象を「知る」ことによって、彼女の死に対する考えや態度が生じてきたのであり、それはユングの定義するような意味での「宗教性」には相当するにしても、一般に考えられる「宗教」には当たらない。このことを強調するためにも、彼女は「知る」という言葉を用いたいのだろうと思われる。しかし、彼女が「死後生を知る」と主張する点については、どう考えるべきであろうか。

死後生

ユングは死後生についての彼の考えを、彼の死後出版された『自伝』のなかに述べている。「人は死後の生命の考えを形づくる上において、あるいは、それについての何らかのイメージを創り出す上において――たとえ、その失敗を告白しなければならないとしても――最善をつくしたということができるべきである」と彼は主張する。われわれがこの世に現在生きていることは重要であり、そのために多くのことをなさねばならないが、それだけでは不十分であり、死後生について想いを致すことによって、われわれの人生はより豊かなものとなり、より全体性をもつことになる。といっても、死後の世界については、人間は「お話を物語る――神話として話す――以上のことはできない」とユングは明言する。それは、この世の現実についての言説ではなく、ひとつの「神話」なのである。

お話とか神話とか言うと、それだけで馬鹿にしてしまう人もあろう。しかし、ユングはここで、お話や神話が外的な現実とまったく同等の重みをもつものであることを強調したいのである。死後生に関する「知」は、神話の知であることを認識し、その神話の知が、いわゆる科学の知と同等の重要性をもつと認識することは難しいことだ。死後生の重要性を強調したい人は、それがいわゆる科学の知として得られると主張したくなってくるし、いわゆる科学の知のみをすべてと思う人は、死後生のことなど問題にしないであろう。

このようなジレンマのなかで、ロスやユングが「信じる」という言葉よりも「知る」という言葉を好むことはよく了解される。そして、ロスが臨死体験の研究や、彼女が接した死んでゆく人たちの残した言葉などから、死後生の存在を主張するのも、心情的には了解できる。しかし、ロスのいう「死後生の存在」は、もう少し厳密な検討を要するように思われる。彼女が「死後生の存在」と言うとき、その「存在」が時空を超越したものであって、この世の現実とまったく異なっているという認識が少し稀薄になっているおそれを感じるのである。ユングは神話の知の重要性を強調する一方で、それがこの世の現実と取り違えられる危険性を繰り返し警告している。

スウェーデンボリの語る死後の世界、『チベットの死者の書』に示される死後の世界、それに現代人の臨死体験などが相当な類似性をもつことは驚くべきことである。時代や文化の差を超えた類似性がそこに存在している。しかし、それらはあくまで類似であって、同じではない。その記述に、その人のもつ意識の在り方が関係していることは明らかである。たとえば、スウェーデンボリの語る霊界は、キリスト教的な色彩が強い。確かに、彼がそれを単なる空想として語っているのではなく、彼の言う「死ぬ技術」によってそこに行き見聞してきたものであることは疑わないにしても、もし、私が彼と同様の方法でそこに行き見聞するならば、私の記述は相当に彼のそれとは違ったものになるだろう。その「実在」は時空を超えた「たましいの実在」であり、それについて語るときは、われわれはこの世に生きている自分の意識に頼るより仕方がないのである。従って、人間の「意識」の在り方というものが非常に重要な問題として浮かびあがってくる。

意識の問題については、次章に述べたいと思っている。

たましいの実在に触れることは素晴らしい。しかし、それが重なってくるにつれ危険性も増してくる。たましいの実在に触れれば触れるほど、この世の現実に足をすくわれないように注意しなくてはならない。キュブラー・ロスの語るように、死は確かに素晴らしい。しかし、その反面、死はやはり恐ろしく残酷なものであることも事実ではなかろうか。死の恐ろしい半面を忘れずにいることによって、われわれの宗教性も常に深められてゆくようにも思われるのである。

注

(1)　森崎和江「生活童話」、『飛ぶ教室』六号、一九八三年。
(2)　村上陽一郎「死を巡る第二の断章」、『新岩波講座　哲学1　いま哲学とは』岩波書店、一九八五年、所収。
(3)　森崎和江、前掲注(1)論文。
(4)　藤村久和『アイヌ、神々と生きる人々』福武書店、一九八五年。
(5)　キュブラー・ロス、秋山剛／早川東作訳『新・死ぬ瞬間』読売新聞社、一九八五年。
(6)　レイモンド・ムーディ、中山善之訳『かいまみた死後の世界』評論社、一九七七年。
(7)　ユング／パウリ、河合隼雄／村上陽一郎訳『自然現象と心の構造——非因果的連関の原理』海鳴社、一九七六年。

(8) キュブラー・ロス、前掲注(5)書。

(9) キュブラー・ロス、前掲注(5)書。

(10) レイモンド・ムーディ、前掲注(6)書。以下の引用も同じ。

(11) 正式の題名を「『安寧神《シ》と忿怒神《ト》を観想することにより自己を解脱させる深遠なる宗教書』の中より、中有《バルド》の状態での聴聞《トエ》による大解脱《ドル》」と称し、一般に『バルド・トエ・ドル』と呼ばれている。邦訳は、おおえ・まさのり訳編『チベットの死者の書――バルド・ソドル』講談社、一九七四年。なお同書に関する解説は、川崎信定「〈チベットの死者の書〉死後の生存と意識の遍歴」、『エピステーメー』七月号、一九七六年、を参照。

(12) ユング「チベットの死者の書の心理学」、湯浅泰雄／黒木幹夫訳『東洋的瞑想の心理学』創元社、一九八三年、所収。

(13) たとえば、巽聖歌「解説」、宮沢賢治『銀河鉄道の夜』新潮文庫、一九七九年、所収、および最近出版された、紀野一義『賢治の神秘』佼成出版社、一九八五年、などに認められる。

(14) ヤッフェ編、河合隼雄／藤縄昭／出井淑子訳『ユング自伝』1、みすず書房、一九七二年。

(15) ユングの『リスナー』誌への手紙より。

第四章　意識について

無意識の発見

ここでは意識の問題について述べるが、そのためには、まずはじめに深層心理学における無意識ということについて触れねばならない。既に第一章に軽く触れておいたが、西洋近代に成立した自然科学においては、人間がその観察する対象を自分と切り離し、それを客観的に観察することが前提となっていた。そこで、そのような方法論に従って成立してきた心理学においては、人間の意識を扱うことは、どうしても避けねばならぬことであった。心理学は、そこで客観的に観察し得る人間の行動を対象として、その学問体系を築きあげてきた。ところが、実際にノイローゼの患者の治療などという問題にかかわると、人間の意識ということを取り扱わざるを得ない。そこで、一般の心理学とは異なり、臨床的な仕事にたずさわるものは、人間の意識を問題とし、それを研究する上において、「無意識」などということを言わざるを得なくなったのである。このようなことを発展せしめた初期の深層心理学者たちが、フロイト、ジャネ、ユング、アドラーなどすべて医者であるという事実は、このような研究がいかにノイローゼの治療という実際的なことから生じてきたかを示すものである。

フロイトは特にヒステリー患者の治療から、無意識ということに思い至る。ヒステリーの症状とは、たとえば、身体器官としての目には何ら障害がないのに目が見えなくなる、というような機能の障害が生じるのである。そこで、フロイトは自由連想という技法を用いて、患者がそれまでは意識することのできなかった心的内容を意識化することを助け、そのような無意識的な心的コンプレックスが症状の原因であったことを明らかにすることによって、治療を行おうとした。

フロイトはこのようにして「無意識」という概念を導入しつつ、一応これによってヒステリーの症状を因果律的に説明し、従って「科学的」な方法によってノイローゼを治療する道をひらいたと思われるのである。ここにフロイトの説について詳細な検討をする余裕はないが、ともかく、フロイトの説が「科学的」と受けとめられたことによって、特にアメリカにおいて一九三〇年頃より急激な発展を遂げることになった。ここで彼およびび精神分析家たちの考えた「無意識」ということは、あくまで、意識に対するものである。そして、そこで扱われている「意識」というものが西洋近代に特有のものであり、またそこに述べられた「無意識」というものが、どうしても病的なニュアンスをもって考えられるという特徴をもつようになったのであるが、当時は誰もそのような点について反省するものはなかった。

ユングははじめフロイトと協調して同様の路線を歩んでいたが、フロイトが主としてノイローゼの患者を治療していたのに対して、彼は精神分裂病者に接することが多かったこと、彼自身が深い無意識との対決の経験をもったことなどから、無意識ということに対してフロイトとは異なる考えをもつようになった。すなわち、無意識は自我が受けいれられないものとして抑圧し排除した心的内容をはるかにこえて、限りなく広い領域であり、それを、個人的無意識と普遍的無意識(集団的無意識)に分けて考える方が妥当と考えた。そして、無意識の内容は必ずしも否定的、マイナスのものばかりではなく、むしろ、それは新しい創造の源泉となるものさえ含んでいると考えるようになった。

ユングの言う個人的無意識とは、ある個人が自我を形成してゆく上で、受けいれ難いこととして抑圧したり、個人的体験のなかで記憶から抜けおちていったりしたものの総体であり、フロイトの言う無意識と関連が深い。ヒステリーの治療においては、このあたりの分析が大切となる。普遍的無意識は個人の経験とはかかわりなく、人類一般に存在しているとも考えられるもので、それ自体は意識的に把握することができないが、それが意識内に顕現するとき神話的なイメージをとる。ユングがこのように考えたのは、分裂病者の妄想や幻覚などに、古来からある神話や宗教のイメージと類似のものが多く、普通の人でも深い夢を見たときは、類似のものが生じることが経験的にわかってきたからである。

ユングは多くの経験を重ねながら、彼の考えを発表することを長い間ためらっていた。それは彼の考えが当時のヨーロッパの学会の流れや、世間一般の考えとあまりにもかけ離れたものであったからである。しかし、彼はすぐれた学者の翻訳を通じて東洋の思想に触れるにつれ、彼の考えが相当な普遍性をもつことを確信しはじめたのである。彼の考えていること、彼があらたに見出したと思っていたことは、東洋においては随分と昔に発表され受けいれられているのである。

いろいろな意識

内的なことであれ外的なことであれ、いかなることも、それを記述して他人に伝えるためには、人間の意識によって把握するより仕方がない。従って、同じ事象に接してもそれに対する人の意識の在り方によって、それは異なったものとして把握されるであろう。ユングは東洋の古典に接するうちに、彼が見聞したと思っている事象を西洋人に伝えることは非常に困難であるにもかかわらず、東洋の書物にはそのものずばりの形で書かれていることに気づいた。つまり、西洋人と東洋人とでは意識の在り方が異なっているのである。その点に気づかず、自分の意識の在り方が「正しい」と信じている人は、その他の見方に対しては、狂っているとか、馬鹿げているとかの断定を下すことになる。ユングが『易経』や『チベットの死者の書』などを高く評価したことは、前章までに述べてきたことであるが、当時の多くの西洋人がそれらに一顧も与えなかったことは、前述したように彼らにとって、それらはまったく「非科学的」で無価値なものと思われたからである。

当時、そのように考えられたことも一面は当然のことと考えられる。自分を対象からまったく切り離して、事象を観察するという自我の在り方を確立して、全世界のなかで西洋のみが自然科学を発展せしめ、その成果は全世界を席捲する勢いを見せていたからである。対象から切り離した自我＝意識によって把握された事象は普遍性をもつ。たとえば、ひとつの花を見て「花びらが五枚」と言えば、それは普遍性をもつ。しかし、花と自分との距離が近くなり、「美しい花」と言ったり「淋しげな花」と言ったりすると、それは普遍性をもつとは限らない。誰に対しても普遍性をもつ知識の積み重ねにより、自然科学は発達し、しかもその成果によって海の上を航海し、空を飛びして、人間は文明を発展させた。このようにして実際的効力を発揮するので、そのようにして認められる事象はすなわち「現実」であり、それと異なる言説はすべて非現実的なことと人々は考えるようになった。太陽を四輪馬車に乗った英雄であると言ったり、月に大きい兎が住むなどと言うと、それは非現実的なこと、あるいは全くの虚言として否定されるようになった。

西洋近代に確立された自我による意識的把握が唯一の「現実」をとらえているのであり、その他の言説は虚偽であるという自信は、一九七〇年頃より急速に衰えはじめた。このような考えがアメリカにおいて急激に変化しはじめた契機としては、ベトナム戦争の体験がまずあげられる。彼らが正しいと信じ、正しいものは勝つと信じて行なったことが、まったくうまくゆかないことを知り、自分たちの判断を根本的に考え直そうとする気運が生じてきた。それに加えて公害の問題が生じ、自然科学の発展とともに、人類が直線的に進歩し続けるという考えにも疑問をもつようになった。彼らの認識している「現実」が唯一の正しい現実ではないのではなかろうか、と考えはじめたのである。

このような傾向を強化するのに役立ったものとして、秀れた文化人類学者の研究も見逃すことができない。以前は「未開人」の風習を調べて、いかにそれが「未開」で「非合理」であるかを知ることに満足していたのだが、才能の豊かな学者たちが、他民族の生き方を「外から」観察するのではなく、自ら「内にはいって」経験することによって、それはそれなりの素晴らしい体系をもつことを明らかにしはじめたのである。たとえば、未開の部族で行われる通過儀礼などは、単なる残酷で無意味なこととして見られていたのに、そこに深い意味があることが見出され、次には逆に、近代社会において通過儀礼を喪失したことによって、多くの問題が生じてきていることさえ明らかにされるようになってきた。つまり「未開」であるとして馬鹿にしてきた人々の意識の在り方が、近代人のそれとは異なるものであって、近代人の意識に照らすときは馬鹿げて見えるが、逆に彼らの意識に照らして近代人を見るとき、近代人も極めて馬鹿げたこと(それがノイローゼの発生につながること)をしていることが明らかになってきたのである。

このような傾向を増幅するものとして、LSDや麻薬などのドラッグの体験がある。アメリカ人の意識はあまりにも堅くつくりあげられているので、それ以外の意識状態があると知っても変えることはできない。しかし薬物に頼るときはそれが可能であり、薬物の助けによって異次元の経験ができるようになった。近代自我がもたらした閉塞状況と耐え難い疎外感から、何とかして抜け出そうとして、わけもわからずにともかくこれらの薬物に頼ったアメリカ人も多かったであろう。彼らはそこで不思議な体験をしつつ、それをいかに説明していいのかわからないと感じていたとき、ユングの心理学やそれとの関連で読まれはじめた東洋の宗教書が、その説明を用意していることを知ったのである。あるいは、薬物体験を通じて、多くのアメリカ人はユングや東洋人たちが単なる絵空事を述べていなかったことをはっきりと知ったと言うべきかも知れない。LSD体験のことについては、後に少し詳しく述べる。

このような一般の動きに刺戟されて、心理学の分野においても、意識の異なった状態について研究しようとする気運が起ってきた。そしてそれは自分たちの通常の意識状態をよしとし、その他のものを異常と見なすのではなく、価値観を棄てて現象を忠実に見ようという態度でそれを行なった。はじめアカデミックな心理学の分野で活躍していたが、その後このような意識の研究に力をつくしたタートは、『意識の変性状態』という名著を編集し[1]、通常の現代人の意識状態以外に注目すべき意識の存在することを例証した。彼はその後、トランスパーソナル心理学の設立にも貢献することになる。

東洋の知恵

西洋近代の意識は確かに強力なものであるが、それが「現実」を認識していると考えるのは誤りであり、真の現実に接するためにはそれにふさわしい意識の状態があるのではないか、そして、それについては東洋の知恵の方がはるかに深いのではないかと考える傾向が欧米で強くなってきた。このために周知のように日本の禅やチベットの仏教が欧米において急に受けいれられるようになった。筆者は一九八四年の十月に渡米したときは、ダライ・ラマの講演を聞いたり、仏教徒であるというアメリカ人たちと話し合ったりしたが、仏教はアメリカにおいて生きている、とさえ感じたのであった。このような宗教と「意識」の問題がどうかかわるのかと思われるかも知れないが、東洋人の意識は西洋人のように明確に他と区別されていないので、宗教と心理学との境目が極めて稀薄なのである。仏教のなかの唯識論は明らかに深層心理学的な面を強くもっている。

東洋の知恵は「現実」に対して接近してゆく上で強さをもっているのであるが、それは極めて言語化し難いものである。禅が不立文字を唱え、その割には多くの本が書かれているので読んでみても、われわれ素人にはなかなか理解し難いことも事実である。その点、意識に関して東洋の知を西洋人にさえ解るように述べるという点で、おそらく井筒俊彦ほどの人はいないと思われる。エラノス学会におけるたびたびの発表をはじめ、英文による多くの著書・論文を通して、東洋の思想を西洋人に理解せしめた功績は実に大きい。最近は幸いにも日本語の論文が多く発表されだしたので恩恵を蒙ることが多いが、ここでも彼の論文によって、意識の問題を考えてみたい。

意識の問題に関しては名著『意識と本質』(2)に多くを学ぶことができるが、ここでは限定された範囲で要点のみを述べねばならぬ必要上、彼が「たんにイスラーム哲学史の一章としてではなく、むしろ東洋哲学全体の新しい構造化、解釈学的再構成への準備となるような形で叙述してみようとした」『イスラーム哲学の原像』(3)の方によって論じてみたい。この書物には、最近トランスパーソナルの人たちも大いに影響を受けている、イスラームの神秘主義、スーフィズムのことが論じられている。

イスラーム神秘主義においてまず大切なことは、「現実、あるいはリアリティの多層構造」ということを考える点にある。われわれが普通に現実と呼び、考えている経験的世界は、現実の表層にすぎなくて、その下にいくつもの層があると考える。そして、次に、その現実の多層構造を認知する「人間の側にも主体的に意識が同じような多層構造をもっていると考える」。そして、浅い表層的意識では現実の浅い表面のみが見え、意識の深層には現実の深層が見えるというわけである。

ここで興味深いことは、深層の意識という考えがあって、深層心理学で用いる「無意識」という用語が用いられないことである。それは既に述べたように西洋近代においては、そこに確立された意識は唯一のものであり(従って現実も唯一と思われ)、表層も深層もないのである。ただ深層心理学に関心をもつような人たちは、その意識では捉え難い心のはたらきがあることに気づき、それを意識に対するものとして「無意識」と呼んだのであるが、イスラーム神秘主義や、仏教などの東洋の考えによると、それらは層の異なる「意識」として記述されることになるのである。

ところで、スーフィズムにおいて次に最も大切なことは、「ここでは一応、意識と現実、つまり主体と客体を区別し対立させて考えましたが、この区別はあくまで理論的説明の便宜のため常識的な主客の区別を利用しただけのことでして、神秘主義本来の立場からすれば、本当はこんな区別があるわけではない」という点にある。これは西洋近代の意識のたて方とまったく異なっている。スーフィズムにおいては「いわゆる客観的現実と、いわゆる主体的意識とが混交し融合して渾然たる一体をなしたものだけが現存する。それが見方によって、つまり力点をどこにおくかによって、客体的現実になったり、主体的現実になったりして現われて来るだけのこと」になる。しかし、このような深層の意識に到達するのはなかなか困難で、人間が普通の状態のままでいたのでは、まずそれに至ることは不可能である。そこで「方法的組織的な修行によって意識のあり方を変える」ことが必要となる。「禅宗の坐禅とか、ヒンズー教のヨーガとか、宋代儒者の静座とか、荘子にみえている坐忘とか」いろいろな修行の方法があるが、いずれも先に述べたような深層の意識を獲得するためのものである。修行のことに関しては本章の最後に少し触れるであろう。ここにあげた東洋の修行方法が、何らかの方法で身体的な修行法と結びついているのも、注目すべき点である。意識の深層への道はすなわち存在そのものに至る道でもあるが、それには心の側からと体の側からとの接近法があり、東洋は西洋に比して、身体的な側面を重視する傾向があると言えよう。しかし、西洋の深層心理学でもフロイト派は寝椅子を用いるので患者はリラックスした姿勢になるし、ユング派は夢を分析するが、夢を見るときは特殊な身体状況にあるわけで、身体のことがまったく不問にされているわけでもない。しかし、強調点はあくまで言語的に表現された内容におかれている。

スーフィー的意識の構造

スーフィズムでは意識の構造をどのように考えるかということについて、次に井筒俊彦の『イスラーム哲学の原像』によって、著者の許しを得て少し詳しく述べてみたい。これは本書全体の論議と多くの点で関連することと思うからである。

スーフィズムにおいては魂を非常に重要視し、これを意識構造モデルの基体として考える。井筒は「根源的イマージュ形成機能を、「魂」と呼ぶ精神的実体を理論的に措定して、それの働きとみなす」と述べているが、本書の第一章に「たましいとは何か」について論じた点を基にして言えば、そのときに述べた「たましい」と極めて一致してくる。あるいは、心とたましいとをひとつにしたものがスーフィズムの「魂」であると言っていいかも知れない。このあたりは、三分法(心、たましい、体)をとるか、二分法(心と体、魂と体)をとるかによって、ニュアンスは変ってくるが、本質的な狙いはあまり相違がないと言っていいだろう。デカルト的二分法だけは、はっきりとわれわれの考えと異なるのである。

スーフィズムでは修行によって意識の深層に至るのだが、その意識を五段階にわけ、それを「五つの別々に独立して存在する魂であるかのごとく語る」。それらを図式的に示すと、図1のようになる。これに基づいて説明してみよう。

最上段がナフス・アンマーラで強制的な命令をやたらに下す魂、という意味である。ああしろ、こうしろと命令する。言わば欲望と欲情の場である。これは意識の感覚的知覚的領域に当る。次に第二層はナフス・ラウワーマで、批判的魂、やたらに非難する魂である。通常の分類でいうと意識の理性的領域に該当する。ここで興味深いのは、第一層の、アンマーラ(やたらに命令したがる)も、第二層のラウワーマ(やたらに非難する)も、アラビア語ではあまりよくない意味をもっているという事実である。通常の認識では感覚知覚をはたらかせ、次に理性的に判断することは望ましいことと考えられるが、スーフィズム的な見方をすれば、それはすなわち魂の深層からの観点によればということになるが、むしろ、よくない意味づけをされるのである。

第三層のナフス・ムトマインナは安定した安静な魂である。この第三層に至って、通常の意識の層とは質的に異なった層になることが了解される。「観想的に集中し、完全な静謐の状態に入った意識、これを一つの特別な魂、つまり一つの意識の層と考えます。揺れ

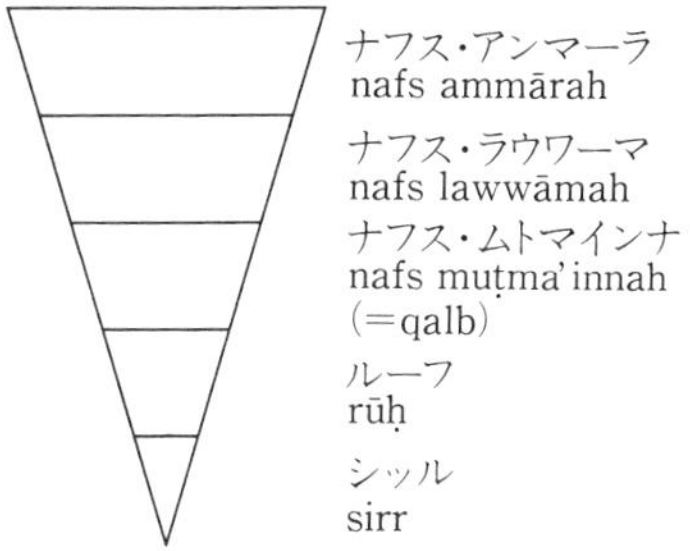

図1　スーフィー的意識の構造
(井筒俊彦による)

動く意識の表面の下にそういう静かな、物音一つしない領域が開けているというふうに考えるのです」そして、「魂のこの第三層が意識および存在の神的次元のしきいにあたります」と井筒は述べている。

第四層はルーフと呼ばれる。アラビア語ではほぼ精神というような意味であるが、極めて特殊な意味で用いられ、心の深みに開けてくる幽遠な領域を示す。「スーフィーの体験ではそれは限りない宇宙的な光の世界、輝き燃えて全世界、全存在界を燦爛《さんらん》たる光に照らし出す宇宙的真昼の太陽として形象化されます」と言う。

最後の第五層はシッルと呼ばれる。シッルは普通のアラビア語では秘密を意味する。つまり、普通の状態では絶対に表面にあらわれて来ない秘密の層なのである。意識論的にいえば、「意識の最深層であり、ふつうの意味での意識を完全に超えた無意識の深みであります。スーフィズム的形象表現では、この聖なる場所で魂はあたかも一滴の水のごとく絶対的な実在の大海のなかに消融してしまうと申します」と井筒は語っている。

この最後の層においては、自我意識が完全に払拭されねばならないことが極めて重要な点である。井筒の言葉を引用すると、「ここに至って修行者の自我意識は完全に払拭されます。それまで彼の人間的実存の中核をなしてきました「われあり」の意識はあますところなく消え去って、無に帰してしまう。この体験を術語的にファナー(fanā')と申します。ファナーとはアラビア語では消滅とか、消失とかいうこと、つまり消えてなくなってしまうということです。「われ」が消えてしまうのですから他もありません。絶対の無です」ということになる。

ここで自我が消滅しても、その消滅された自我の意識そのものが残存している限り、その無もまた一種の「他者」であるので、ファナーの意識自体も無化されなければファナーの完成とは言えない。そこで窮極的には「ファナーのファナー」ということが要請されることになる。ところで、ファナーによって無化された意識は突如逆転して無の意識にならねばならない。「意識の無が、無の自覚として甦るとでもいったらいいでしょうか。そういう新しい超越的主体としての無意識が、理論的にファナーの次の段階であるバカー(baqā)です」ということになって、ここにファナーの次の段階であるバカーという考えが導入される。この「バカー」とは、もともとアラビア語の意味では「残る」ということ。術語的には自己存続、一度無化された意識があらためて有化されたところに成立する主体」である。スーフィズムにおける修行の道において、ファナーに至る意識改変の過程を「昇り道」と呼び、ファナーからバカーへの過程を「下り道」と呼ぶ。ここにごく簡単にスケッチしたことは、東洋の他の多くの宗教の基本構造と深くかかわるものだが、その点については、井筒の著作を見ていただくこととして、ここには省略する。

ここで大切なことは東洋こそが真のリアリティを認識することを宗教との関連におい

てなし遂げようとしており、西洋はまったくその対極としての近代自我の意識をつくりあげていたということである。後者の意識が見るものは虚構であり、虚構であるが故に自然科学という強力な武器をつくりあげるのに役立ったのである。自然科学の力があまりにも大きいので、人間はそれによって自然を支配したとさえ錯覚したが、それは真のリアリティとは異なる世界を見ていたことに気づくと共に、そちらに目を向けていた東洋の宗教に対する関心が欧米において急激に強くなってきた。そして、現実を現実として見ようとする科学の最先端が、古い東洋の宗教の考えと接触をしはじめたのが現在の状況なのである。

意識のスペクトル

東洋の宗教が見出した意識の在り方について述べ、それに対して西洋の人たちが最近とみに関心をもちはじめたことを指摘した。その上、理論物理学の最先端を行く科学者たちが、彼らの体験を踏まえて同様のことを言いはじめたのである。たとえば量子力学の生みの親、シュレーディンガーは「主体と客体は、一つのものである。それらの境界が、物質科学の最近の成果でこわれたということはできない。なぜなら、そんな境界など存在しないからだ[4]」と述べている。

このような最新の物理学の成果も踏まえ、かつ、前節に述べた東洋の宗教の考えも受けいれた上で、ケン・ウィルバーは「意識のスペクトル」という考えを提出する。彼はトランスパーソナル学会の理論的支柱の一人と言ってよいと思うが、彼がこのような考えをもつに至った動機のひとつは、アメリカにおいて実に多くの心理療法の技法や理論が生じ、それぞれがその正当性や有効性を主張する現状において、それに対して一種の整理を行う意味もあったと思われる。心理療法との関連については、最終章に論じるつもりなので、ここでは割愛し、ケン・ウィルバーの考える「意識のスペクトル」について、ごく簡単に紹介する。『意識のスペクトル』(5)は彼の著書の題名であるが、これと前述した井筒俊彦の『意識と本質』や『イスラーム哲学の原像』を読み合わせると、非常に興味深い。

ケン・ウィルバーは図式を用いて説明しているので、それを転載して説明しよう。彼の用語はやや特殊なので、他の一般的な使用法と混同しないように注意してみていただきたい。

図2において、彼は一番下の「心のレベル」から話をはじめている。ユングの言葉にも「「奥底において」は心は単に「世界」なのである」(6)と言う言葉があるが、この図における心は、Mindとわざわざ大文字で示されており、日常的に使う「心」とは異なるものである。このレベルは前節に述べた主体と客体の区別のない、意識即現実のレベル

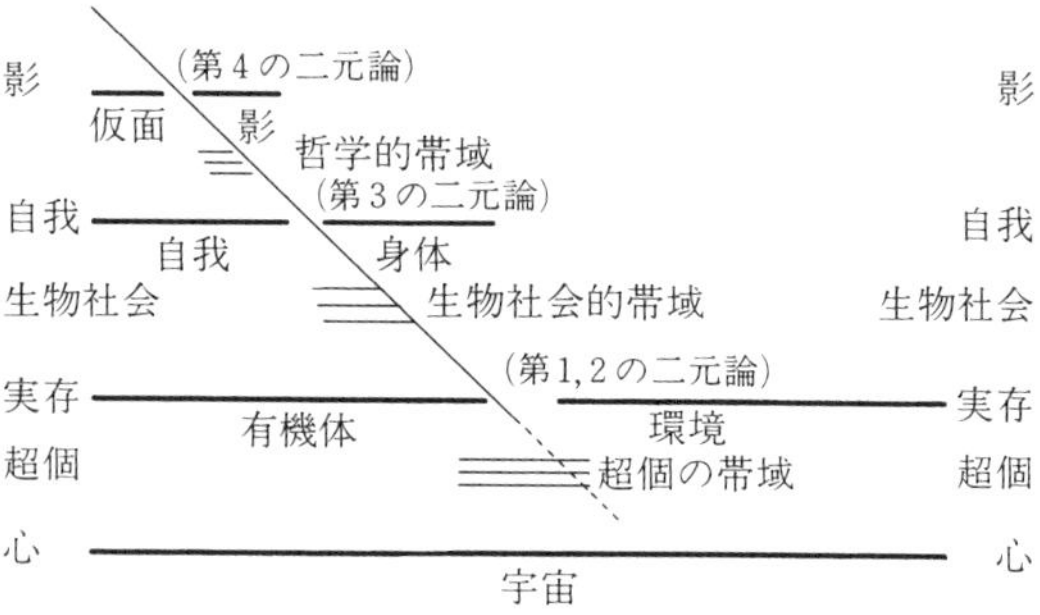

図2　意識のスペクトル(ケン・ウィルバーによる)
(『意識のスペクトル』1，春秋社，より)

である。このことを西洋人に解らせるのは大変なことなので、ウィルバーは理論物理学や仏教の成果をうまく利用して、手をかえ品をかえて説明を試みており、なかなか見事である。「リアリティとは観念的なものでも、物質的なものでも、霊的なものでも、具体的なものでも、機械的なものでも、生気論的なものでもないことをわれわれは強調したい。リアリティとは一つの意識のレベルであり、このレベルのみが現実的なのである」と彼は言う。ここであらゆる二元論的な考えがすべて否定されていることに気づかれるだろうが、まさにこの「心のレベル」は非二元的な意識レベルなのである。

　次に人間は二元論的思考のプロセスを通して「二元性ないし区分という幻想を導入し……このようにして欺かれた人間は、主体対客体、自己対非自己、あるいは単に有機体対環境といった最初の原初的な二元論に執着する」。最初の「心のレベル」においいては、意識と現実とはひとつであり、そこには言葉とか思考というものはなかった。しかし、その次の段階において、「われわれが「空間を分断する」最初の動きが、一つの世界から二つの世界を創り出し、われわれ自身を現象世界に着地させる、この最初の分断の行為を、われわれは原初の二元論と呼ぶことにする」。主体と客体との分離を第一の二元論とすると、次に人間は生と死という第二の二元論に従うことになる。自分という有機的存在を環境から切り離して考えると、その有機体の存在と非存在、つまり、生と死という二元論が大きい問題となってくる。「心」のレベルにおいて、意識がリアリティと一致しているかぎりにおいては、生死などということは問題になり得ないのである。

人間の意識はさらに分割され、図に示されているように、有機体的意識は自我と身体という第三の二元論によって分割され、もっぱら自我が自分であると意識される。つまり、われわれは自分が自分の「身体をもっている」などと考えたりする。有機体のレベル、つまり、実存のレベルでは身体と自我(精神という方が一般的かも知れないが)とが分割されないままで、自己が意識されるのである。心のレベルと実存のレベルの間に「超個の帯域」という表示がなされているが、ここでは心のレベルほど完全にではないが、時間的・空間的な区切りがあいまいとなったり、自他の区別もあいまいとなって、たとえいわゆる超常現象などがよく生じるのである。ウィルバーは言及していないが、たとえば、前章に述べた臨死体験の際の人間の意識に生じるさまざまの不思議なことは、この帯域に生じる現象と考えることができる。この帯域はまた、ユングが普遍的無意識と呼んだ層とも重なると思われる。

一個の有機体としての意識はさらに分割され、その一体性が抑圧されて精神と肉体とに分けられる。これをウィルバーは自我と身体との分割とし、自我レベルの意識と呼んでいる。現代人の場合は、これ以前の実存レベルでの意識を明確にもつことも既に困難であるだろう。現代人もある程度「身体意識」というものをもつが、これは実存レベルの名残りであるとウィルバーは述べている。

人間が自我レベルの意識をもつ点について、ウィルバーは、人間が死を受けいれられないとき、死ぬべき自らの有機体を捨てて、決して傷つくことのない「観念」に逃げこむのだ、と述べているのは興味深い考えである。「死を避ける人間は、無常の身体から逃れ、一見、死なないかに見える観念上の自分自身に同一化するのだ」と彼は言う。おそらく、ウィルバーのような「意識のスペクトル」などという考えとはまったく別に、この自我レベルのアイデンティティを支える強固な宗教として、キリスト教が存在してきたと考えることもできるのではなかろうか。

自我レベルにおいては、人間はリアリティそのものについての直接的知識をもっていない。しかし、それ故にこそというべきだが、このレベルで人間の思考は発達し近代科学の発展が生じたのである。

意識にはまだ第四の二元論が生じ、自我は仮面と影に分けられる。[7] つまり、自我は自分とそれをとりまく環境(と自分で感じているもの)との間で、望ましいと感じる部分とそうでない部分とに分け、前者を仮面として採用し、それに同一化する。彼が望ましくないとして棄て去った部分は影として残される。

このようにして意識のレベルが明らかにされたが、「これらのレベルは別個のものでなく、それぞれ無限に重なりあうものである」こと、および、「人が一つのレベルに限定されることはほとんどない。一日、二十四時間の間、全スペクトルを渡り歩く場合もある」ことを知っておかねばならない。と言っても、全スペクトルどころか、大体は人間が覚醒しているときは、上方の二つのレベルぐらいに限定されているのではなかろうか。

この意識のスペクトルは、人間が混沌の状態から、その自我意識をだんだんと確立してくる過程というふうにも、あるいは、人間がだんだんとその深いアイデンティティを失ってゆく過程というふうにも両方に読みとれるところが興味深いし、おそらく、ケン・ウィルバーもその両方をこめて記述していると思われる。従って、どのスペクトルがいいなどというのではなく、全スペクトルにわたって知ることに意味があると思われる。あまりにも単純化して紹介してしまったので原著の意図がまちがって伝わるのを恐れている。興味をもたれた方はぜひとも原著を参照していただきたい。

ドラッグ体験

井筒俊彦によるスーフィズムの説明や、ケン・ウィルバーの意識のスペクトルの考えによって、意識の階層の存在を示したが、一般の人々はウィルバーの言う仮面レベルの意識と同一化しているので、意識の階層については極めて懐疑的になると思われる。そして、井筒が指摘しているように、この階層を体験してゆくためには相当な修行や技法が必要なのでなおさらのこととなってくる。そのときに、それを薬物の助けを借りることによって行うことを考えた人がいる。つまり、LSDという強力な薬物は、それによっていわゆる「精神異常」をきたすと考えるのではなく、日常的な意識から急激に深層の意識へと至るのを助けるものであると考えるのである。この考えによって心理療法をすすめてきたのが、チェコ生まれで現在米国カリフォルニア州のエスリン研究所にいるスタニスラフ・グロフである。彼は国際トランスパーソナル学会の創始者で、初代会長をつとめ、トランスパーソナル学会の重要な支柱の一人である。

グロフの仕事には以前から関心をもっていたので、今回トランスパーソナル学会で来日した際に対談をしたり[8]、京都大学の臨床心理専攻の大学院生に特別講義をして貰ったりして、彼の研究について相当つっこんで話し合うことができた。その点について簡単に紹介したい。

グロフはもともと精神分析に興味をもったが、それがあまりにも長期に及ぶので、何とかそのプロセスを速める方法はないかと考え、LSDをそのために用いることを考えついた。そして過去三十年あまりの間にチェコおよび米国において、LSDを用いる心理療法を続けてきたが、最近になってLSDの危険性が問題となり、よほどの法律的手続きをとらない限りそれが使用できなくなったため、彼はLSDを用いずに同様の効果をもつ方法を考案し、それをホロトロピック・セラピーと名づけた。それは一種の集団療法で、呼吸のコントロール、および音楽効果、それに身体的な動きなどを組み合せて深層心理の活性化をはかるものである。ここで彼がある程度、身体的なことを考慮に入れているのも興味深い。

グロフがLSDの使用などによって得た結果、個人の体験する意識変化の過程は、一般化すると、次の三段階に要約できるという[9]。すなわち、1個人の自伝的レベル、2周産期《ペリナタール》のレベル、3超個《トランスパーソナル》のレベル、である。

個人の自伝的レベルでは、その個人がそれまで経験してきたことで、その人の人格内に統合されなかったり、未解決のままで抑圧されてしまっているようなことが現われる。これは精神分析など一般の心理療法の取り扱うレベルで、理解しやすいものである。

周産期《ペリナタール》のレベルでは、個人は誕生のプロセスを体験すると言っていいであろう。それは非常に明確に死と再生の過程として生じるときがある。これは前節のウィルバーの図式で言えば、実存のレベルあたりの体験になると思われる。実存レベルにおいて生死の二元論が大きい役割をもつことをウィルバーは指摘しているが、まさにこのあたりで、死と再生の体験が生じるというのも興味深い。

このレベルで個人が体験するのは、出産前後の体験と極めてパラレルであり、たとえば洞窟に閉じこめられていて出口がなく困っているうちに、恐ろしい圧力を感じ死ぬほどの苦しみを味わう。そこでやっと出口が見つかり、細い穴を通って広い空間に出るような幻覚体験をもつのである。(10) このレベルでは身体と自我とが一体となってきているので、異常な体感や実際の痛みなどを伴って感じられるときがあり、「死」の苦しみに耐え難いほどの体験をする人もある。

ここでグロフはこのような出産にまつわる体験が生物学的な誕生の再体験を超えて、心理的、霊的な体験であることを強調するが、個人的に話し合っているときは、ある個人のLSDによる周産期体験は、現実にその人が出産のときに経験したことの再体験と思われるようなことが多いことも述べていた。たとえば難産だった人とか、産道の途中でつかえた人などの産婦人科医による記録と、LSD体験で語られることとが相当に一致するというのである。もしそうであれば、人間の記憶という点についても興味深い発見であると思うが、筆者としては今のところ確かめようのないことである。

　次の超個のレベルは、ウィルバーが超個の帯域と記述しているところ、ユングの言う普遍的無意識の領域を指している。このレベルにおいては、ＬＳＤ体験に多くの神話的なイメージが出現すると共に、時間、空間の限定を超えた共時性の現象が出現するという。このときに超感覚的体験をする人が多いので、それがどんなに馬鹿げたことに思えても、一応その人に実際にチェックさせる、とグロフは語っていた。このレベルはウィルバーの言う「心」のレベルに接近してゆくので、個人の意識が宇宙の意識、宇宙の心と同一化するのを感じる人もあるという。また、この際に動物や植物、それに無生物に対しても意識的同一化を体験する人もある。

　グロフの述べていることで非常に興味深いことは、ＬＳＤ体験で神や悪魔などいろいろな宗教的、神話的イメージを見た人たちが、それらは至高の存在ではないという感じがあり、至高の存在に会ったと感じた人は、それを言語化することが極めて難しく、強いて言えば「至高の無」(supreme nothingness)としか言いようがない、などと表現する事実である。このことは、井筒俊彦が述べているファナーの段階と相応することが感じられるのである。

　ＬＳＤを飲むとすべての人がこのような体験をするかというと、もちろんそうではない。まずそのためにはグロフのように豊富な体験をもった人が傍にいなくてはならない。

これは絶対的条件といっていいだろう。それでも人によっては、ウィルバーの図式に従って言うと、上から下へと下降してゆくのではなくて、影の世界にはいり込んで出て来れなくなるということもある。ともかく、これが非常に危険な仕事であることは論を待たず、それだからこそ法律的にほとんど禁止に近い状況にあると思われる。

欧米人の仮面《ペルソナ》や自我は極めて強固に出来ているので、ユングの言うことや東洋の宗教など、単なるまやかしとさえ見られがちであったときに、LSDという強力な手段によって、それらがリアリティに関係していることを体験的に知らしめたという点で、グロフの功績は真に大と言わねばならない。とすると、現代人たるもの、LSDを飲むか、さもなければ彼の言うホロトロピック・セラピーに参加すべきなのであろうか。この点については次節で考えてみたい。

修行の過程

意識が表層から深層へと変化してゆく過程において「方法的組織的な修行」が必要であることを井筒は指摘していた。坐禅、静座、ヨーガなどの修行法が古来から開発されてきたが、これらはどれも身体の在り方も関連させているところが特徴的である。ウィルバーも指摘しているように、深層の意識は身体と関連が深いので、身体の在り方も修行の過程において重要となってくるものと思われる。

実際ここに述べた意識の変化は、その探求に相応する何らかの「経験」をもたぬかぎり意味をもたないと言ってよいほどである。このようなことは個人の生き方そのものにかかわる問題であり、単なる知的な問題として論じるのはあまり意味がない。井筒俊彦の「主体的、実存的な関わりのない、他人の思想の客観的な研究には始めから全然興味がない[11]」という言葉も厳しいが、仏教における「全人格的思惟」を提唱する玉城康四郎が「戒・定・慧」の三学こそ仏教に固有のものであるとし、「この三学が一体となって働く思惟こそ、仏教的思惟の特徴をなすものであるといえよう[12]」と述べている姿勢にもその厳しさを感じさせられるのである。戒も守らず禅定もせず、ただ仏教の本を読むだけで仏教について論じることはナンセンスだと言われても仕方がないとも思える。ここでは仏教の唯識論については触れなかったが、これも「戒・定」による生き方を抜きにして本当に理解することは不可能とさえ感じられる。

この点、筆者は戒とも定とも無縁なので申し訳なく感じるが、ただ、筆者としては西洋の「修行」の方法とも言える夢分析を自らに対して常に行うことと、心理療法の場面でいろいろな生きた人間に出会っていることは、ある種の「修行」をなしていると思っている。それは常に意識の改変の問題と直面しているのである。ただ、筆者自身の体験で言えば、井筒の言う「ファナーのファナー」の境地というのは、未だに実感したことはない。それでもどうして心理療法などやっているのかと言われそうであるが、最終章に述べるように心理療法の仕事にはレベルの差があり、自分の取り扱うことのできるレベルの仕事をしていればいいと考えている。ウィルバーの図式で言えば、彼のいう「心」のレベルに至ったと感じたことはないが、彼の言う「心」の顕れとして事象を見るという態度は、相当身についているのではないかと思っている。人はそれぞれ個性に応じた「修行」の道があるようだ。

あるいは、もう少し開き直って言えば、第一章において「たましいとは何か」について論じた際に述べたように、あくまで「たましい」をあいまいさのなかに残しておき、明確な段階を措定したり、最高の(最終の)境地などということを考えたりせずに、あくまで手さぐりの過程を歩み続ける道を選ぶことに心理療法家の本質があるとも考えられるのである。従って、筆者はいわゆる神秘主義者とも宗教家とも異なると思っている。

ウィルバーの図式にしても、これはやはり西洋人の図式であり、日本人であれば彼が二元論として表現している切断の線がこれほど画然とはしていないと言うべきであろう。ウィルバーの図式においては上昇運動にも意味があると先に述べたが、この図の「仮面」を本当に確立するにはそれ相応の努力がいるのであり、日本人はそれだけのことをしているかという反省も必要である。この図の下方の意識にある程度なじんでいるからと言って、その人は上方の意識において必ずしも強いと言えぬところに、人間の意識の問題の難しさがある。東洋の知恵について深い理解を示す井筒俊彦が今道友信との対話において、[13]今道が「禅にかぶれると思想的には無責任になるような気がして怖いような気がしますね」というのに対して、井筒は禅の修行の過程としては方法論的に考えたりしゃべったりしたら困るけれど、「もし悟ったら言ってもらわなければ困る。それを混同して、方法論的な沈黙と絶対的な沈黙と混同しちゃ困るんです」と語っている。これは下層の意識体験のみでなく、その体験が上方のそれとどうつながるべきかという点を指摘しているものと思われる。

「修行」の問題がこれほど重要と思われるとき、LSDによって一挙に下降することが可能とすると、これはどう考えるべきであろうか。この点についてもいろいろ考えさせられたので、一九八五年の夏スイスに行ったときは、グロフのワークショップに参加した人、LSD体験をもった人などに相当につっこんで経験談を聞くと共に、著名な分析家に対してグロフの仕事をどう思うかを聞き、討論した。いろいろと興味深い例に接したが、個々のことは抜きにして筆者なりの結論を書いておこう。まず、たとえ話で言えば、高山に下から歩いて上ってゆき頂上をきわめた人と、ヘリコプターの助けによって頂上に立った人との比較のようなことになるかも知れない。どちらも同じ景色を見るわけだが、その意味の深さという点では前者がはるかにまさるであろう。

しかも後者の場合は高山病にでもなれば、せっかくの景色も意味がないかも知れぬ。

と言っても、世界中にそんな高山などないと信じている人がいて、ヘリコプターでそこへ連れて行ったとすると、それはそれで大きい意味をもつことになろう。山の麓のあたりで遭難まがいのことをくり返している人に比べると、まだしもましかも知れない。このたとえで、もちろん、ヘリコプターで頂上に立つことは、ＬＳＤ体験の方を示している。

グロフによって非常に深い体験をした人や、それによって心身症が治療されたという人にもお会いしたし、ＬＳＤ体験がほとんど意味をもたないという人にもお会いした。しかし、これは考えてみるとどの「修行」にも言えそうで、ただ難行や苦行を積み重ねても無意味なことは、釈尊自身も指摘している。ＬＳＤを飲みさえすれば意味深い体験ができる、などというものでないことは、了解していただけると思う。

自我の消滅ということは大切なことであるが、それがウィルバーの図式で言えば、下層への降下による消滅ではなく、上部右の影の領域にはいり込むような形でなされるときはただ苦しむばかりで何ら意味をもたないのであろう。修行もなかなかやり方が難しいものである。

自我の消滅を狙う東洋的修行では、身体的な修行を用いることが多いので、このことはわが国におけるスポーツの訓練との間に常に混乱を起しているように感じられる。スポーツはもちろん体力を競うのであるが、そこに微妙に「心」のことが関係してくる。

西洋の場合は、体力を鍛えつつ、強い自我によって体をどこまで制御できるかを考えてゆくので、自我の強化と体力の強化がパラレルに行われる。従ってこれは極めて「合理的」な練習や訓練によって、スポーツ選手を育てることになる。

ところが、わが国では体の鍛練がたましいの修行と重なる伝統をもっているので、話がややこしくなってくる。ケン・ウィルバーは「意識のスペクトル」を論じた際に、「はね返り」現象という興味深いことを述べている。それは、一一二頁に示した意識のスペクトルにおいて、最上層の「影」のぎりぎりの線におしつめられると、超個のレベルへと「はね返る」ことがあるというのである。これは苦痛で死に瀕した人が急に限りない静寂の世界を体験したり、超常現象を経験したりするような例である。このことが経験的に知られていたので、わが国の修行では徹底的に自分の肉体を苦しめる、いわゆる荒行が多く行われてきた。しかし、大切なことは、「はね返り」はいつも起るとは限らない(おそらく、死の瞬間には起るのであろうが)。とすると、時には、自分を苦しめるほど、影の世界に迷いこみ、歪んだ自我をつくりあげるだけのことになる。あるいは、一瞬のはね返り現象を体験したとしても、長期にわたる歪みの後遺症の方が大きい効果をもつかも知れない。

ともかく、修行においては荒行によって、自我を消滅させる方法を試みるので、練習は苦しければ苦しいほどよいということになるが、それを近代のスポーツの練習として考えると、大きい疑問が湧いてくる。スポーツには別に「悟り」は必要でないし、自我の制御し得る体力の優れたものが勝つのも当然であり、練習でいくら「苦行」していても、いざ国際試合になると弱い自我が妙に作用して、実力も出せずに負ける日本選手が多くとも、別に不思議ではないのである。スポーツ放送を聞いていると、アナウンサーがやたらに「精神力」を強調するときがあるが、それがどのような類のものかをよく考えてみる必要がある。自我をつくりあげるときは「自我消滅」の場合よりも楽しさを感じる方が多いので、楽しんで練習した者の方が、無用な苦しみの練習をした者より「精神力」が強い場合もあるのである。このあたりのことをスポーツ関係者はもっと考えるべきと思われる。

スポーツの指導者でこのあたりのことが解らず、ただ苦しみのための苦しみを与えるような練習をさせたり、選手の自我を歪ませてしまったりしている人があるように思われる。もちろん、スポーツを通じて求道的な生き方を見出す人もある。そのような人は立派な人であるが、それは必ずしもスポーツの強さと一致するものではないことも知っておかねばならない。

スポーツと関連して、現代では体力づくりや健康の問題が非常に強い一般の関心をひきつつある。これは、近代の心と体の二分法によって、心の側から見失われた「たましい」が体の方に無意識的に結びつき、「体」を大切にすることが、たましいを大切にすることにまで無意識的につながっているためと思われる。従って、「体」を大切にすることに人々は途方もない情熱を傾けたり、金を使ったりするのではなかろうか。健康食品や、健康維持のための多くの薬などの取り扱いや、ジョギングをすることなどに、強迫的な傾向が強く見られる人は、それが無意識のうちに宗教的儀式となっているためと思われる。近代人が存在を否定したたましいは、いろいろなところに、そのはたらきを示しているのである。現代人としては、もう少しそのあたりのことを自覚して、もっと適切に自分の意識を磨くことを考えたいものである。

注

(1) C. T. Tart, *Altered States of Consciousness*, New York, Wiley, 1969.
(2) 井筒俊彦『意識と本質――精神的東洋を索めて』岩波書店、一九八三年。
(3) 井筒俊彦『イスラーム哲学の原像』岩波書店、一九八〇年。以下の引用は同書による。
(4) E・シュレーディンガー、岡小天／鎮目恭夫訳『生命とは何か』岩波書店、一九五一年。
(5) K・ウィルバー、吉福伸逸／菅靖彦訳『意識のスペクトル』1、春秋社、一九八五年。以下の引用は同書による。
(6) C. G. Jung, *The Archetype and the Collective Unconscious*, The Collected Works, vol. 9, I, Pantheon Books.
(7) 仮面(persona)、影(shadow)などはユングの用語を借りてきているのだろうが、ユングの用語とは異なった用い方をしている。ウィルバーの図式で、仮面―影、自我―身体、と分けているところはそれぞれ、自我―影、精神―身体とした方が解りやすい気もする。

(8) 河合隼雄「内界への旅―グロフとの対話」、『読売新聞』一九八五年五月八日夕刊。

(9) グロフのLSD体験に関する研究結果は、S. Grof, *LSD Psychotherapy*, Hunter House Inc. Publishers, 1980. に詳細に述べられている。なお、グロフが今回トランスパーソナル学会で行なった講演は邦訳されている。グロフ、吉福伸逸訳「意識の研究と人類の生存」、『春秋』二六九号、一九八五年。

(10) スタニスラフ・グロフ/クリスティナ・グロフ、山折哲雄訳『魂の航海術　死と死後の世界』平凡社、一九八二年、に画家ハリエット・フランシスがLSDによる死と再生の体験を描いた例を示している。

(11) 井筒俊彦、前掲注(3)書。

(12) 玉城康四郎『冥想と思索』春秋社、一九八四年。

(13) 井筒俊彦/今道友信「東西の哲学」、『思想』六四三号、一九七八年一月。井筒俊彦対談集『叡知の台座』岩波書店、一九八六年、に所収。

第五章　自然について

人と自然

一九八四年の三月十九日より二十二日に至るまで、東京と箱根において「生命科学と人間の会議」という国際会議が開かれ、私も桑原武夫、江橋節郎両先生に伍して出席することになった。これは最近における生命科学の著しい発展により、それが人間の生命と人間の尊厳に及ぼす影響について検討する目的をもって、サミット加盟国の七か国の代表が集まって討論を行なった会議である。この会議に出席してみて、このような問題を考察するにあたっての宗教的背景の差を強く感じさせられたが、たとえば、ひとつの大きい点について言えば、「人間の尊厳」を考える上において、日本以外の諸国の代表は、「人間と他の生物――バクテリア、植物、動物――との間に根本的な違いがあること」[1]を絶対的な前提として話をすすめてゆこうとするのに対して、日本人としてはどうしても納得がいかないという点があった。つまり、日本以外の諸国はすべてキリスト教国であるので、聖書の教えに従ってこのように考えるのは当然のことなのである。これに対して私は日本人が感じる、人間から植物に至るまでの生命の連続性のようなことを伝えようと努力したのであるが、どこまで成功したのか、まったく心もとないことであった。ただ休憩時間になると、二、三の学者が私の意見が面白かったとか賛成とか、熱心に話し合いに来てくれた。その割には本会議のときにあまり反応がなかったのは、推察するところ、キリスト教的ではない意見に公的な場で賛成を示すことは、やはり難しいのが現状なのではなかろうかと思われた。

一九八五年の夏、スイスにおけるエラノス学会に出席した後で、二、三日イタリアのトスカナ地方を旅行した。そのとき有名なシエナの町の広場を訪れたが、野球場の二、三倍くらいの広さの広場が完全に石づくりの建築物で囲まれ、土も石で掩われているので、植物がまったく目にはいらないということが極めて印象的であった。言ってみれば「自然」が全然目にはいって来ないのである。この町は十四世紀くらいにつくられたものであるが、人間が住み、集まってくる場所は、人間によって建てられたものによってこそ囲まれているべきで、そこに自然がはいってくるのは排除されている、という感じなのである。

日本人であれば、人の集まるところに、どのように「自然」を配するかが常に考慮されている、というべきである。もっとも、それは「自然」そのままのものでないことが多いわけであるが、この点については後に論じるであろう。シエナの広場に立っていて、夜になると月や星が出るので、何かほっとしたような感じをもったが、月や星も含めた天空は、建造物によって完全に取り囲まれているので、天空の運行さえ、人間に支配されているような錯覚を生ぜしめるのである。

日本人の「自然」に対する特別な親近感のようなことに私が注目するようになった端緒は、夢分析の経験を通じてである。日本人の夢のなかで「自然」は、西洋人の場合よりもはるかに大きい意味をもつことが、私の夢分析の経験を通じて明らかになってきた。たとえば、ユングは「影」ということを重視する。人間が自我をつくりあげてくるときに、それに受けいれられない半面は「影」となる。そして、その影は夢では自分とは性格を異にする人物像となって出現することが多い。そのような影のイメージと対話をかわすことによって、自分の影の部分についての認識を深めることになる。このようなことは、もちろん、日本人にもそのまま通用する。しかし、時に夢のなかで、月明りのなかで山の影が長く尾をひく景色などを見て、「影の世界」についての洞察を得る人が、日本人には存在するのである。

次に、他に発表したことがあるが、典型的な例を示す。これは性に対する抑圧が強く、恋愛ということさえ罪悪のように感じていた若い女性が、相当に分析が進んだときに見た夢である。それは、「桐の箱が二つあり、各ミに朱色と白色の色紙がはいっている。

それには歌が毛筆で書いてある。各々四枚ずつはいっていて、それぞれ四季の歌が書いてある。「春なれや……」、「夏なれや……」、「秋なれや……」、「冬なれや……」という夢であった。彼女はこの夢から覚めながら「この世の中に春夏秋冬があるように、恋愛ということも存在するのだ」と感じ、何か安堵するものを感じたと言う。この夢の解釈については立ち入らないが、ここで大変印象的なことは、今まで忌避していた恋愛あるいは性ということを受け容れ、より全体的に統合されるというイメージを、四季の存在によって示しているところである。おそらく西洋人であれば、人物が登場することによって、同様のことが表現されることであろう。

今は一例を示したのにすぎないが、日本人の夢分析を通じて、日本人に於ける「自然」の重要性を感じてきた。それに後述するような昔話の分析を通じても、同様のことを感じさせられたのである。しかし、これまで「　」をわざわざ付して、自然ということを自明のこととして用いてきたが、そもそも自然とは何かという点について、少し詳しく考えてみる必要があると思われる。それはまさに宗教と科学、東洋と西洋、の接点における問題なのである。

自然とは何か

今日では、日本人のほとんどが「自然」という言葉を、英語の nature と同じような意味に解していると言っていいだろう。人間および人工的なものに対するものとして、いわゆる山川草木、および人間以外の動物、それに鉱物などを含め、それを宇宙にまで拡大して、総称して「自然」と呼んでいる。しかし、実のところ、そのような客観的な対象としての「自然」などという概念も、また言葉も、もともと日本にはなかったものであり、nature という英語に「自然」という訳語を当てたために多くの混乱が生じることになった事実は、柳父章の周到な分析によって周知のこととなっている(2)。従って、この点についてては省略するが、そうなると、現代の日本人は、自然をどう把握しているのか、そもそも古来からはどうであったかなどが問題となってくる。この点についても、木村敏(3)、大河内了義(4)らが興味深い論を既に展開しており、筆者の考えもそれと重なるところが多く、あまり取りたてて言うこともないが、これまで述べてきたこととの関連において、問題点を明らかにしておきたい。

「自然」という語は、もちろん中国から由来しているわけであるが、この語が文献に現われるのは、福永光司によると「道家すなわち「道《タオ》」――世界と人生の根源的な真理――の哲学を説く人々、いわゆる老荘学派の古典文献(5)」であり、福永は『老子』の「功成り事遂《と》げて、百姓は皆我れを自然と謂う」(第一七章)、「(聖人は)万物の自然を輔《たす》けて敢て為さず」(第六四章)、また『荘子』の「物の自然に順いて私を容るる無し」(応帝王篇)

などを引用して、自然という語は、「「オノズカラシカル」すなわち本来的にそうであること(そうであるもの)、もしくは人間的な作為の加えられていない(人為に歪曲されず汚染されていない)、あるがままの在り方を意味し、必ずしも外界としての自然の世界、人間界に対する自然界をそのままでは意味しない」ことを指摘している。

この「オノズカラシカル」という考えは、天地万物も人間も同等に自生自化するという考えにつながり、「物我の一体性すなわち万物と自己とが根源的には一つであること」を認める態度につながるものである。福永は『荘子』の「天地は我れと並《とも》に生じて、万物は我と一たり」(斉物論篇)、「天地は一体たり」(天下篇)などを引用して、この点を明らかにし、「道を以て之を観れば、物に貴賤無し」(秋水篇)に示されるように、「人間(自己)と自然界の万物とが根源的な一体性のゆえに存在者として本来的に平等であり、価値的な優劣に関して絶対的な基準の有り得ない」と考えられていたことを指摘している。

このような中国の「自然」に対する態度は、インドから仏教を受けいれたときに影響し、福永は、「西暦七―一〇世紀、唐の時代の中国仏教学をインドのそれと比較して最も注目されることの一つは、草木土石の自然物に対しても仏性すなわち成仏の可能性を肯定していることである」と述べている。つまり、生物のみならず無生物も、森羅万象すべてが仏性をもつと考えたのである。

このような考えはそのままわが国にも伝来されてきたが、「自然」という用語は、従って、「オノズカラシカル」という意味で用いられ、それは「自然《じねん》」と発音されることとなった。そして、西洋人のように自我に対する客観的対象として「自然《ネイチャー》」を把握する態度は存在せず、従って、そのような名詞も日本語にはなかったのである。「山川草木」というような表現が示すように、個々の具体的なものを認識の対象とはしたであろうが、おそらく、それは近代人のする「認知」とは異なるものであったと考えられる。対象と自分との区別は、昔の日本人にとって思いの外にあいまいなものであったろうと思われる。

西洋における「自然」についてギリシャあるいはそれ以前にまで遡って論じる能力はないので、一足とびに、われわれが問題としている西洋に発生した自然科学について考えてみることにしよう。「自然」を客観的対象としてみる態度の背後には、キリスト教による人間観、世界観が強く存在していると思われる。聖書には、神が世界を創造し、人間を創造するときに「われわれのかたちに、われわれにかたどって人を造り、それに海の魚と、空の鳥と、家畜と、地のすべての獣と、地のすべての這うものとを治めさせよう」(創世記一章二六)と言ったと述べられている。ここに、人間とその他の存在物との間に画然とした区別が存在することになった。このような宗教的な背景をもって、他と自分とを明確に区別し、他を客観的対象とし得るような自我が成立することになったと思われる。そして、その自我が「自然」を対象として観察し、そこに自然科学が発達することになったのである。このため、「自然《ネイチャー》」は西洋において科学の対象となるし、「自然《じねん》」は東洋において宗教のもっとも本質にかかわるものとなったのである。

ところで、日本人は近代になって西洋の nature の概念に接したとき、これに「自然《じねん》」の漢字をあて、「自然《しぜん》」と呼ぶようにしたのであるが、そのために柳父章の指摘するような混乱が生じたにしても、それにはそれ相応の理由があったと思われる。というのは、わが国においては、中国から伝来された老荘の「自然《じねん》」を相当に「自然《ネイチャー》」にひきつけて見る態度があったと思えるからである。「オノズカラシカル」在り様を、山川草木、日月の在り様に見出して、これらの自然物に超越的なものを見る態度が日本では強くなるのである。従って、山や川や木そのものが神として認識されるわけである。

自然・自我・自己

中国における老荘思想においては、自然は「物我の一体性すなわち万物と自己とが根源的に一つである」ことを指すと述べたが、これは第四章で意識について論じた際に示したケン・ウィルバーの図式で言えば、最下段の「心」のレベルに相当するものである。つまり、そのレベルにおいては前章で論じたように、自と他の二元論が存在せず、自分は即ち世界、心はすなわち世界なのである。このレベルが老荘における「自然」である。

これに対して、西洋の「自然《ネイチャー》」は、ケン・ウィルバーの図式によると、自我のレベルにおいて、自我が自分と切り離して対象化したものである。しかし、このような明確な自我の確立を西洋の近代がなし得たからこそ、自然科学の急激な発展が生じたのである。

近代における自然科学の多くの業績を目の前にして、近代的な自我の確立、自我の強化ということに高い価値がおかれるようになったのも、むしろ当然のことである。次章で述べることになるが、多くの心理療法がこのような意味における自我の確立、自我の強化ということを目標にして発達したのである。

日本語で自我とか自己とか言うとその「自」は、自然の「自」でもある。自然はもと「オノズカラシカル」という意味で、「自」は、「おのずから」を意味している。しかし、「自」は「おのずから」を意味するのみではなく、「みずから」をも意味している。前者の場合は、主体の営為によらず、ものごとがひとりでに生じ、存在することであるが、後者は主体の自主的、能動的かかわりのある場合である。英語であればこの二者はまったく異なる語によって表現される。ところで、日本人は「おのずから」と「みずから」とを使いわけてきながら、漢字を移入したときに、どちらも同じ「自」という文字で表記することにした。この点について、木村敏は次のような重要な指摘をしている。(6)つまり、「「おのずから」と「みずから」とは、一応の現象的な区別はあっても、根本においては一つの事柄を指しているという、いわば現象学的な理解がそこにはたらいていたに違いない」というのである。なぜ、このようなことが生じるのか、この点を明らかにするために、ユングによる自我と自己とに関する考えを述べてみたい。ユングの「自己」は特殊な用語であり、一般の心理学における定義とは異なるので、その点に留意していただきたい。

ユングは一九一二年、彼が三十七歳の頃にフロイトと訣別するが、その後自ら「方向喪失の状態」と呼んだような凄まじい内的体験をする。幻覚や幻聴が生じ、この世ならぬイメージに満ちた夢におびやかされ、その症状のみに注目するならば精神分裂病と同様と言えるような体験をする。後にユングについて研究したエレンベルガーが、これをいみじくも「創造の病い」と呼んだが、これは確かに「病い」であると共に彼のその後の創造活動の源泉となった体験であった。

このような体験を通じてユングは多くのことを学んだが、まず彼は「自我の意志よりも高いものが存在し、それに対して人は頭を下げねばならない」(7)ことを知り、「われわれが内的人格の欲することや、語ることに従ってゆくならば、苦痛は消え去る」ことを経験した。つまり、ユングは当時の西洋人の一人として、自我の意志、その判断力などを重視し、それに頼ろうとしてきたが、自分の内なる世界に自我を超える存在があることを認めざるを得なくなったのである。

ユングの凄まじい内的体験については、これ以上述べないが、前章の「意識について」の論考と関連づけて述べるなら、ユングは西洋近代自我のもつ意識とは異なる次元の意識状態への急激な下降を経験したと言うことができる。前章ではその点についてあまり言及しなかったが、そのような「下降」は、一般的にはいかに「異常」で「病的」と見なされることであるかを、われわれはよく知っておかねばならない。少なくとも「下降」の後に「上昇」が生じないときは、やはり「病い」と言わざるを得ないであろう。ともかく、このような経験の後に、ユングはだんだんと自分の全体的な総合性が回復されて来ることを感じるのだが、それを言語的には表現できず、図形によって示すことに満足感を感じるようになる。一九一六―一九年にわたって、ユングは自分でも半信半疑ながら、数多くの類似の図形を描く。それは円および正方形を基調とするものであり、全体的な均衡を示すものであった。そのうちユングはこのような図形がユングの「全存在」のはたらきの表現であり、それは彼の自我を超えたものであること、そして、自我がそのような全存在と調和的に機能しているときにこそ、心の平静が得られることを自覚しはじめた。ユングはこのような体験を踏まえつつ、精神障害者の治療を行なってゆくが、不思議なことに彼の患者たちも、ユングが何も言っていないのに、治癒過程において彼の描いたのと同様の図形を描くことに気づいたのである。

彼はこれを非常に大切なことと考えたが、それまで学会においてそのような発表がまったくなかったし、奇妙なことにも思えたので他に発表することを長らくためらっていた。ところが、その後リヒャルト・ヴィルヘルムを通じて中国の宗教について知るようになり、また、ベンツを通じてチベットの仏教について知るようになるにつれ、彼が体験してきたことは、東洋においては二千年も以前から語られていたことを知ったのである。つまり、彼や彼の患者たちの描いた図形は、チベットの仏教などに用いられている曼荼羅と極めて類似しているし、彼が「自我を超える高い存在」として実感していたものは、中国では「道《タオ》」と呼ばれていることを知ったのである。

彼は自分の考えがまったく特異なものでなく、普遍的なものであると確信し、リヒャルト・ヴィルヘルムが道教の煉丹術の書である『太乙金華宗旨』を一九二九年に独訳して出版したときにコメントを書き、そこで彼の「自己」に関する考えを明らかにしたのである。ユングはこの書物で、自我は意識の中心であるが、意識のみならず無意識に対しても考慮を払うような態度をもつと、全人格の力の中心は自我ではなく、意識と無意識の間にある潜在的な中心とも言うべき「自己」(self, Selbst)であることがわかると主張している。なお興味深いことは、この書物にユングは「ヨーロッパのマンダラの例」を発表しているが、その中に患者の作品と共に自分自身の描いたマンダラも発表していることである。彼の描いたマンダラは彼の死後に相当発表されている。

ユングは彼の『自伝』に「一九一八年から一九二〇年の間に、私は心の発達のゴールは自己であることを理解し始めた。それは直線的な発展ではなく、自己の周囲の巡行のみである。均一な発達は存在するが、それはたかだか最初のころだけで、後になると、すべてのことは中心に向けられる」と述べている。彼が「自己の周囲の巡行のみ」と語るのは、われわれは「自己」そのものについて直接に知ることはなく、ただその周りをまわっているのみであることを示している。つまり、われわれは「自己」の顕現としていろいろなものを意識的に把握できるが、自己そのものは知ることのできないものである、というのである。しかし、このような存在を仮定することによって多くの現象が理解しやすくなると考えるわけである。

このようなユングの自然と自己の考えを踏まえて、先に述べた「みずから」と「おのずから」の問題に戻ってみよう。この際、「みずから」はユングの言う意味での自我から発することであり、「おのずから」は自己から発することと考えられるであろう。そして、日本人の場合は自我と自己との境界線があいまいであり、両者は融合した形で体験されるので、「おのずから」も「みずから」も、木村敏の指摘するように「根本においては一つの事柄」という理解が生じてくるのではないかと思われる。日本の芸道においては「自然」ということが非常に尊ばれる。いろいろな行為が自然に行われねばならぬと言われるが、これは即ち行為の主体を自我から自己へと譲る境地を指していると考えられるのである。このようなことは、能動的主体としては自我しか考えられない西洋的な意識からすると、矛盾に満ちた言説であると感じられるのである。

棟方志功が「私は自分の仕事には責任を持っていません」と語ったという事実は、この辺のことをよく示している。これに対して柳宗悦は「棟方の仕事には「作る」という性質より「生れる」という性質の方が濃い」(8)と述べている。これはユングの用語を用いるなら、棟方がその自我よりは、自己のはたらきによって仕事をする境地に達したということができるであろう。あるいは、阿満利麿が夏目漱石が述べる「自己本位」ということに対して、この自己はユングの言う意味の「自己」であり、「自我《エゴ》」ではないと解説しているのも同様のことと思われる。(9)日本の芸術について語るとき、ユングの用いた自我と自己の区別はなかなか有効であり、その「自己」は日本においては、山川草木の自然に投影されることが多いのである。

東西の進化論

次に話題を変えて、自然《ネイチャー》を科学的に捉えてみた見方としての進化論という問題について、いかにこれが宗教と科学、東洋と西洋の接点に立つ問題となるかを明らかにしてみたい。わが国では一般に進化論というと科学であり、それはキリスト教による宗教的世界観に対抗するものとして理解されがちであるが、実際はそれほど単純なものではない。『自然《じねん》の復権』の著者、大河内了義はヨーロッパ滞在経験を基にして、「キリスト教の神は死んでいない」ことを強調している。つまり、日本人は自然科学と対立するものとしてキリスト教を捉え、自然科学の発達によって「神が死んだ」などと浅薄な理解をしている人が多いが、自然科学とキリスト教の関係はそれほど単純ではなく、一見キリスト教に反するものと思われているような考えも、キリストの神の支えをもっていることを、われわれは認識しなくてはならないと、大河内は強く主張している。筆者もこれに賛成であり、マルクス主義、フロイトの精神分析、進化論なども、そのような観点から考えてみることが必要と思っている。ここでは「自然」との関連において進化論を取りあげる。

自分の専門とまったくかけ離れている進化論をここに取りあげたのは、わが国において独自の進化論を提唱している今西錦司の考えをここに述べることが、われわれがここまで問題としてきたことと極めて密接にかかわるものと考えるからである。日本人の自然観について興味深い論を展開した源了圓は、その最後に今西の業績に言及し、「日本の文化から当然出るべくして出たものであり、同時代の日本人として誇りに思う」[10]と賞讃している。欧米人とは異なる日本人の自然観がその説に反映され、ユニークな論となっているというのである。

今西錦司が「進化論研究の締めくくりとして」最近に発表したものから、少し長くなるが引用してみよう。「ここにおいてダーウィニズムというのは、単なる理屈だけの問題でなくて、さきに私の心配しておいたとおり、なにか西欧人の心底にアピールするものがあるのでなかろうか。それは長いあいだにわたって培われた彼我のあいだの自然観のちがい、あるいは生物観のちがいといったようなものが、彼我のあいだの進化論のちがいとなって、反映しているのでなかろうか、と疑いたくなる。こうなったらダーウィニズムは生物学上の一セオリーというよりも、むしろ一つの神話として取りあげたほうがよいのかもしれない[11]と彼は述べている。ここで「さきに私の心配しておいた」と言っているのは、ダーウィニズムにおける適者生存の考えが競争原理に基づいており、それは「神様はつねにエリートの味方をしているということだ。そのへんのところが、キリスト教徒である西欧人には魅力的なのか、今年はダーウィン没後百一年目だが、いまだに共鳴者がたえない」という点なのである。つまり、進化論などということはほとんど科学的検証に耐えられぬようなものであるのに、自分たちのもっているキリスト教的自然観と合致するために、それが正しいと思いこんでしまう欠点を、今西は明確に指摘しているのである。このような点は今西自身が言うとおり、「これは西洋から見ていたらわからないことですよ。東洋から見ているからわかるのかもしれない[12]」ということであろう。

今西による進化論は、ダーウィンの競争原理に対して「棲みわけ」による共存原理によるところがまず大きく異なる。それと何よりユニークなところは「種社会」という概念の立て方であろう。欧米の学者が生物の「種」を問題とするとき、今西は「種社会」という全体的な捉え方をする。種社会の個々のメンバーは種社会の構成員として、その維持に寄与している。そして、このような種社会はより大きな生物全体社会(holospecia)を構成している。このような考えに従って、今西は、「われわれの見る生物的自然は、生存競争の場でなくて、種社会の平和共存する場であると見るから、私に進化とは種社会の棲みわけの密度化である、という言葉も生まれてくるのである[13]」と述べている。

今西はこれまで「個体発生は系統発生をくりかえす」と言われてきたが、これを逆にして、「系統発生(進化)は個体発生をくりかえす[14]」という「まことに大胆な類推」を行い、一つの個体が受精卵から出発し分化発展して、変るべくして変ってゆくように、進化においても、「変るべくして変る」のであり、ダーウィンが言うように、突然変異によって生じた個体が生存競争に勝ち、「適者生存」を行なって進化が生じるという説と、まったく異なる立場をとるのである。

このような今西説は、これまでに述べてきた論議と関連させるならば次のように言えるであろう。今西は自然《ネイチャー》についての進化を語っているのではなく、自然《じねん》の方に近い現象について語っている。その世界は極端に言えば、「物我の一体性すなわち万物と自己とが根源的には一つである」という福永の言葉に示される世界なのである。ダーウィニズムにおいては、突然変異によって生じた個体が「みずから」の力によって適応するところに進化の本質を見ようとするのに対して、今西説では「存在」の「おのずから」なる変化に進化の本質を見ようとしている、ということが出来る。このように考えると、今西の「変るべくして変る」という言葉の意味がよく了解される。

ここに示した今西の自然観は、東洋の「自然《じねん》」の方にひきつけられたものであると言えるだろう。今西が自分のそのような自然観を「自然と一つになる。自然にかえる、あるいは又自然に抱かれるという事ですね」と言い、そのような自然観をもつようになったひとつの体験として、次のようなエピソードを話しているのは非常に興味深い[15]。

今西がまだ二十歳くらいの時に岩登りにゆき、岩壁を登った。がむしゃらに登っていったが、途中でけわしくて登れなくなった。登るに登れず下るに下れず、まったく進退きわまって絶望の淵におち込んでしまった。その時突如として、非常になごやかな気持に包まれた。ここのことを今西は、「それは昔の修験者が山の中の岩窟にこもって一週間行をしておりますと、一週間目に紫の雲にのって大日如来が現われるという。そういう風に書いたものを読んだ事があるのですが、紫の雲も、大日如来も現われなんだけれども、先程言いました大慈・大悲といった自然の本質と言いますか、そういうものに触れたんですね。それで進退きわまったという事も忘れてふと見上げたら一条のルートがみつかった」と語っている。ここに今西の言う「なごやかな気持」の状態は、前章で「スーフィー的意識の構造」について述べたときの第三層ナフス・ムトマインナにおける「完全な静謐の状態」とパラレルに感じられて興味深い。

このような体験に支えられて、今西は生物の世界を「自然《じねん》」に見る態度を身につけていったと言えるであろう。しかし、それが生物社会における理論として結実してゆくためには、大学卒業後、十年間にもわたって、ひたすらカゲロウの幼虫の生態を観察し続けるような努力が必要であったことも忘れてはならないであろう。

ついでのことながら、今西を中心とするわが国の霊長類学研究グループが極めてユニークな研究をし、国際的な評価を受けている理由のひとつとして、彼らが欧米の学者とは異なる研究態度を身につけていることがあげられるだろう。この点を解明して興味深い論文を書いたパメラ・アスキスは、「日本人が自然や動物に対して明らかにわれわれ欧米人よりも自らをはるかに近い位置に置き、またそれらに親近感をもっているということ、そして日本人の思惟方法の違い[16]」がその特徴のひとつであると指摘している。そして彼女は河合雅雄がゲラダヒヒに食物を与えているところをテレビで見たときに「彼とサルとの関係が何か特別で、彼がサルの生活の中に融け込んでいるといった感に打たれた」ことを述べ、「私はそのような情景をこれまで目にしたことはありませんでした。言葉で言い表わすのも難しい[17]」と言っている。つまり、わが国の霊長類学研究グループの人は、西洋近代の自我意識によって、霊長類の「観察」を行なっているのではなく、もっと異なる意識の次元へと下降し、そこで自然《じねん》に生じてくることを記述しようとしたのである。

このような意識状態の変化を基にして、欧米の学者と異なるユニークな学説を展開するということは、おそらく、わが国の誇りとする科学者、湯川秀樹、福井謙一などの場合においても生じているのではないかと推察される。たとえば、福井はこれから科学者となろうとするものは、「自然と両立する科学」「自然に組み込まれた科学」「自然を尊敬する科学」に自分の研究がどうかかわってくるかを見通す先見性を養うことが必要であると説いている。(18) 日本人の個性の問題を考える上で、これらのことを研究し明らかにしてゆくことは今後極めて重要な課題であると思われるが、今はこの点を示唆するのみにとどめておく。

昔話における自然

日本の昔話はヨーロッパの昔話に比較すると、著しい相違点をもっている。たとえば、「猿聟入」と呼ばれている昔話を取りあげてみよう。(19) これは日本中に広く分布し類話も非常に多い話である。そのなかの典型的な話の要約を次に示す。爺さんには三人の娘がある。田に水を引くのが大変で、その仕事をしてくれたものには娘のうちの誰かを嫁にやるという。一匹の猿がこれを聞きつけて、田の水引きをやってのける。爺は困ったが約束なので娘を説得する。上の二人の娘は拒絶するが、末の娘が父親のためを思い猿と結婚する。ここまでは西洋にもよくある、いわゆる「美女と野獣」タイプの昔話と同様である。ところが後半はまったく展開が異なってくる。話は簡略化するが、娘は猿の聟を連れて実家に帰るとき、みやげに桜の花が欲しいと言い、猿に木の枝の先へ先へと登らせ、ついに枝が折れ、猿は川に落ちて死んでしまう。そこで、末娘は一人で家に帰り、爺は大いに喜び、上の二人の娘は家から出され、末娘は爺と一緒に暮らすことになった。

これで話は終りであるが、西洋の「美女と野獣」タイプと終結の仕方が著しく異なるところに気づかれるであろう。あちらの物語では、野獣は王子へと変身して、二人の結婚はめでたしめでたしで終るのである。人間と人間以外のものとの結婚についての昔話は、異類婚の話として分類されている。今ここで一例を示したのみであるが、ひろく一般的に見ても、日本とヨーロッパの異類婚の昔話には著しい差が認められる。この点について、小澤俊夫が明確な分析を行なっている。[20] その要点を次に示してみよう。

まず言えることは、ヨーロッパでは本来的に動物と人間の結婚ということは起り得ず、人間と結婚することになる動物は、もともと人間であったものが魔法によって動物に一時的に変身させられたものである。従って、昔話の世界においても、西洋では人間と動物の区別は極めて明確なものと言わねばならない。これに対して、日本の場合では、猿聟入の話のように、猿と人間との結婚が語られて、何の不思議も感じさせない。あるいは、よく知られている「夕鶴」のように、鶴が人間に変身するときも、別に魔法ということはなくて、変身の事実のみが平気で語られるのである。

ところで、目をヨーロッパ以外に移すと、小澤はパプア・ニューギニア、エスキモー〔イヌイット〕などの例をあげ、人間と動物の結婚が何の問題もなく語られることを示している。ここで興味深いことは、人間は動物とまったく同等であり、話のなかで両者の間に何らの区別がないことである。この点について、日本では、たとえば猿聟入の場合、猿と人間は対等に話し合い、結婚も可能であるが、娘たちは結婚を嫌い、ついには計略で殺してしまう点が異なっている。「夕鶴」の物語では、乙女の姿に変身していた鶴は、その本性を知られたときは男性のところから立ち去ってしまう。つまり、そこには、人間と動物をまったく同等には扱わない点が認められるのである。

小澤俊夫は以上に述べたような点を、図3のような形で図式的に示している(小澤の原図を少し解りやすい形に変えた)。これによると、Aは人間と動物が一体に感じられる古代を示し、その後、A′はそれを引きついだもので、エスキモー、パプア・ニューギニアなどの自然民族の昔話に見られ、人間と動物の結婚がむしろ同類婚の如くにおこなわれる。これに対して、Cはヨーロッパを中心としたキリスト教民族の昔話に見られるもので、人間と動物の結婚と思われるものも、実はもともと人間だったのが魔法によって動物の姿になっているもので、実のところ、人間と動物の結婚は生じず、両者の間の区別は厳然としている。A′とCの中間に存在するBは日本の昔話に見られるものである。これはまさに中間的であり、人間と動物が結婚する点においてA′と同様であるが、結局は人間が動物との結婚の継続を望まない、あるいは、動物の方がその正体を人間に知られた限り立ち去ってしまうという点で、Cに近いところがあると思われる。

　昔話における人間の動物との関係の在り方を、人間と自然《ネイチャー》とのかかわり方を示すものとして考えてみると興味深い。AA′の世界においては、人間はまったく自然のなかに包みこまれていて、その一部をなしている。これに対して、Cの世界では人間は自然を自分から切り離して見ており、今まで述べてきたように客観的対象として認知されるのである。Bの日本は、両者の中間点にあり、自然と人間とを分ち難いものとして見たり、時には別のものとして見たり、両価的な態度をとっていると思われる。昔話の分析から考えても、日本というのは特異な立場にあることがよくわかるのである。

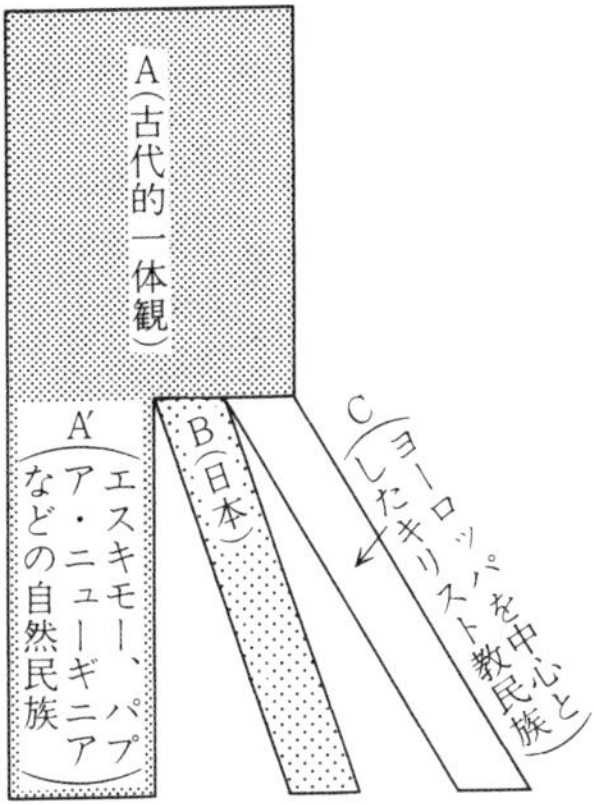

図3　世界の異類婚譚
（小澤俊夫『世界の民話』中央公論社，をもとに筆者が少し変更した）

　これ以上詳細に論じる余裕はないが、日本の昔話において、猿聟入のように男性が動物であるときは殺されることが多いのに、女性が動物である話では、女性は単に「立ち去る」だけで殺されることがないというのも興味深い事実である。日本人は自然のもつ男性的要素に対して拒否する態度が強いと考えるべきなのか、この点は今後とも追求すべき課題であると考えられる。

「自然」の死

「自然《じねん》」ということが中国の老荘思想において重要な意味をもつことは、既に述べた。日本の宗教においても、これはもちろん重要であり、親鸞の「自然法爾《じねんほうに》」も、このような考えの延長上にあるものとして考えられるだろう。そして、日本においては、自己＝自然《じねん》存在は、山川草木に投影され、日本人の自我のあいまいさとも結びついて、自然《じねん》とも自然《ネイチャー》とも区別されないあいまいな自然が、宗教的な意味合いをもって認知されることになるのである。

このような「自然」尊重の態度は日本において特に著しいが、中国においてもある程度は認められるものである。『論語』の有名な言葉、「子曰わく、知者は水を楽しみ、仁者は山を楽しむ。……」(雍也第六23)に対するコメントのなかで、桑原武夫は「人間を考えるときに、山水を象徴にもちだすなどということは、ほかの文化圏にあることだろうか。西洋文化にはなさそうだ。中国には古く七世紀の唐代から山水画が発達するのに(たとえば最近発掘された懿《い》徳《とく》太子の墳墓に描かれた山岳画)、ヨーロッパでは「モナ・リザ」の背景に山岳が描かれるのは十六世紀の初めだという事実が頭にうかぶのである[21]」と述べている。このように中国においても古くから自然を重視する態度は存在していた。しかし、このことは、日本において特に強くなったと感じられる。マンダラについては既に述べたが、インドにおける曼荼羅には「自然」が全然認められないのに、わが国の曼荼羅には多くの自然が描かれていることは、山折哲雄の指摘するとおりである。彼は「「山」をはじめとする自然が、古代以来われわれの「魂」や「心」をつよく惹きつけてやまぬ対象であったこと[22]」を詳しく論じている。

　ところで、ここに私が強調したいことは、わが国におけるあいまいな宗教的対象としての「自然」は既に死んだのではないか、ということである。このことを私が痛感したのは、日本人の宗教心に関するあるシンポジウムに出席して水俣のことを聞いたときのことである。そのときの報告に基づいて少し説明してみよう。宗像巌[23]は水俣病や水俣の人々を「客観的対象」として研究する態度ではなく、水俣の人々のなかにはいりこんでゆくことによって、水俣問題の中心点としての宗教性に触れたのである。宗像によると、水俣の人々にとって「制度的な宗教世界」よりもむしろ大切な「見えない宗教世界」が存在し、そこに果たす自然、特に海の役割の重要性は測り知れぬものがあるという。彼は「漁民の日常生活に参加して行くと、これらの人々の心の中では自然の存在がきわめて重要な意味を持つものであることがしだいにわかってくる。……それは人々の魂に深い感動を与える宗教的意味をおびた対象である。……美しい絵画的構成を持った風景は、この地に生まれ、長年月にわたり海を身近に感じて生活してきた漁民の心の奥に、不思議な安定感と永遠性を感じさせる世界を構成してきているのである」と述べている。海は不知火海の漁民たちにとって「神的なるものの遍在を感知させる象徴的意味をおびた「聖なるもの」として存在している」のである。

ところが、その海が汚染され、それは多くの人々に病いと死をもたらした。「自然」は死んだのである。

これは何も水俣だけの問題ではない。極論すれば、われわれ日本人が西洋に生まれた自然科学を受けいれ、それによって「進歩発展」を目指した時点において、日本人にとってのあいまいな神イメージの担い手としての「自然」は死んだと言うべきではなかろうか。われわれはニーチェの「神は死んだ」という叫びをよそ事のように聞いてはおれないのである。

水俣の悲劇について、石牟礼道子は「文字のいらない世界と文字の世界との衝突」として捉え、いかに水俣病の被害者とチッソ側との交渉がすれ違ったものとなったかを記述している。(24) それは自然《じねん》の顕われとして「海」を見ている人と、自然《ネイチャー》の一部として

「海」を見ている人との間のすれ違いのくり返しなのである。しかし、現代の多くの日本人は心の中で、このような「自然」に関する取り違いや、ごまかしやらをずっとくり返しているのではなかろうか。われわれ日本人は、このあたりであいまいな「自然」との共生関係を基礎とする「日本教」としての宗教を厳しい目で見直してみることが必要であると思われる。

わが国における「自然」の死は、思いがけないところにも生じている。それは日本の家庭における「自然」の問題である。西洋の文化を急激に取り入れるまでは、日本は大家族的であった。子どもたちはそのようななかで「自然」に育ってゆくことによって健全に育っていった。ここに健全というのは難しいことで、言うならば自然に悪を経験することもそのなかに内包することなのである。つまり、親がいくら子どもを善い子にしようとしても、子どもも多く、親も忙しいし、子どもは「自然に」生きてゆくのに必要な悪いことを体験し、それを自ら克服してゆくことによって成長したのである。ところが、現代では子どもを「自然」に育てることは難しくなっており、管理が行きとどき過ぎて、人工的な善い子をつくりあげることが多くなっている。反抗期が来ても自然に育ってきた子どもは自然の許容範囲内で行動するが、人工的善い子は自然の範囲をこえてしまうことになる。ここに詳述しないが、現代における子どもの多くの問題の背後に、育児における「自然」の消滅の問題が存在していることはよく了解できるであろう。しかし、われわれ日本人が西洋の真似をして、核家族を選び、個室をつくり、個人の欲求を充足させる方向で生きる道を選んだかぎり、いまさら、「自然にかえれ」式の標語を叫んだり、大家族はよかったなどと言ってもはじまらない。大家族は大家族なりの多くの欠点をもっていたから、われわれは改変してきたのである。

現代に生きるわれわれとしては、あいまいな形での「自然」との一体感にしがみつくことなく、対象化し得る限りは、自然を対象化して把握することを試みつつ、科学と宗教の接点に存在するものとしての「自然」の不思議な性質をよく弁えて、より深く探求を重ねてゆくことが必要であろう。人間がどう叫ぼうと、どう考えようと、神そのもの、あるいは自然《じねん》は簡単に死ぬものではない。ヨーロッパにおける神の死の自覚がより深い神への接近をもたらしつつあるように、日本において「自然」の死を自覚することが、自然のより深い理解をもたらすであろう。

注

(1) 会議の第3セッション「生命科学の個人にとっての意味」におけるリードオフ・スピーカー、フランツ・ペックレ教授の講演より。国際交流基金編『生命科学と人間の会議』メヂカルフレンド社、一九八四年。

(2) 柳父章『翻訳の思想——「自然」とNATURE』平凡社、一九七七年。

(3) 木村敏『自分ということ』第三文明社、一九八三年。
(4) 大河内了義『自然《じねん》の復権――ニーチェの科学批判と親鸞の自然法爾』毎日新聞社、一九八五年。
(5) 福永光司「中国の自然観」、『新岩波講座 哲学5 自然とコスモス』岩波書店、一九八五年、所収。以下福永からの引用は同書による。
(6) 木村敏、前掲注(3)書。
(7) ヤッフェ編、河合隼雄／藤縄昭／出井淑子訳『ユング自伝』1、みすず書房、一九七二年。
(8) 柳宗悦「棟方の仕事」、大原美術館編『棟方志功板業』。
(9) 阿満利麿『宗教の深層――聖なるものへの衝動』人文書院、一九八五年。
(10) 源了圓「日本人の自然観」、『新岩波講座 哲学5 自然とコスモス』岩波書店、一九八五年、所収。
(11) 今西錦司「自然学の提唱――進化論研究の締めくくりとして――」、『季刊人類学』14―3、一九八三年。
(12) 今西錦司／飯島衛『進化論―東と西』第三文明社、一九七八年。
(13) 今西錦司、前掲注(11)論文。
(14) 今西錦司、前掲注(11)論文。
(15) 今西錦司「自然をどう見るか」、『自然学の提唱』講談社、一九八四年、所収。
(16) パメラ・アスキス「霊長類学の行方」、『思想』七一七号、一九八四年三月。

(17) パメラ・アスキス、前掲注(16)論文。
(18) 福井謙一『学問の創造』佼成出版社、一九八四年。
(19) 関敬吾編『日本昔話大成』角川書店、一九七八年、の分類番号一〇三のところに「猿聟入」の多くの類話が示されている。
(20) 小澤俊夫『世界の民話』中央公論社、一九七八年。
(21) 桑原武夫『論語』筑摩書房、一九八二年。
(22) 山折哲雄『日本人の心情――その根底を探る』日本放送出版協会、一九八二年。
(23) 宗像巌「水俣問題に見る宗教」、門脇佳吉／鶴見和子編『日本人の宗教心』講談社、一九八三年、所収。以下の宗像からの引用はこの論文による。
(24) 石牟礼道子「女性の中の原宗教」、門脇佳吉／鶴見和子編『日本人の宗教心――宗教的エネルギーと日本の将来シンポジウム』講談社、一九八三年、所収。

第六章　心理療法について

心理療法とは何か

宗教と科学の接点の問題について論じてきたが、私がこのようなことに関心をもつようになったのは、私自身が専門としている心理療法という仕事を通じてのことであった。心理療法を実際にやり抜いてゆこうとすると、今まで述べてきたようなことを考えざるを得ないのである。それは自分のしている心理療法は「科学であるのか」という疑問に答えるためにも、そして、それに関連することであるが、心理療法の対象である「人間」という存在について考えるためにも、必要なことであった。心理療法についてはいろいろな語り方があると思うが、ここでは宗教と科学の接点という問題意識をもって述べることにしよう。

心理療法は十九世紀の終り頃より発展をはじめ、現代の欧米においては欠かせないものとなり、多くの心理療法家が個人開業をしているのが実状である。このように近代になってから急激に発展してきた職業であるが、その根をたずねると古来から存在していたとも言えるもので、宗教、教育、医学、の分野にそれを見出すことができる。近代においては、「宗教」に対する反撥が強く出てきたので、心理療法はむしろ、宗教に対立するものとして、教育、医学、の分野から生じてきたように思われる。心理療法が心理学から生じて来なかったのを奇異に感じる人があるかも知れない。これは「心理学」がむしろ当時の物理学を範として「客観的に観察し得る現象」の研究をしようとする態度を堅く持していたので、人間の意識などということを研究対象から除外したので、そこからは臨床的な学問が出て来なかったのである。つまり、近代の自然科学の方法によっては、人間の心とか、たましいというものは研究の対象にすることが出来なかったのである。

　教育の分野でまず生じてきたことは、ガイダンス、すなわち指導をするということであった。生徒に学問的知識を教えるのみでなく、その生活について指導や助言を行う。このような考えは現在も引きつがれており、カウンセリングと言うと指導や助言を行うことと思っている人や、そのとおりを行なっている人もある。確かに指導や助言が功を奏することもある。しかし、事はそれほど簡単にゆくものではない。シンナーを吸っている少年に、シンナーは悪いから止めよ、と指導助言を行なっても、それほど簡単に収まるものではない。従って、心理療法ということは指導や助言の域を超えねばならないのである。

一方、医学の分野においては、身体器官に何らの障害がないのに身体機能に障害を生ずる一種の「病気」があることが解ってきて、それを「治療」することが試みられるようになった。それが十九世紀の終り頃より発展してきた精神分析である。この点については既に「意識について」(第四章)論じた際に触れたが、少し観点を変えて述べてみる。たとえば、聴覚器官には何ら異常がないのに、耳が聞こえなくなったという女性のヒステリー患者の場合を考えてみよう。そこには「耳が聞こえない」という症状がある。そこでその症状形成の原因を知るために、話し合いや自由連想、あるいは夢分析などを用いて、フロイトの言う無意識の探索が行われる。すると、その女性が夫の浮気の事実を他人から聞かされ、そんな「主人の声など聞きたくもない」と思ったときから何も聞こえなくなり、しかも、その事実を完全に忘れ去っていたことが解った。そして、このことが明確に意識され、夫への怒りの感情が表出された後に、完全に聴覚は正常に戻ったのである。

この例においては、症状→症状発生の原因の発見(無意識内における)→原因の意識化→治癒という継列が見られ、これは身体的な病気の場合も、症状→症状発生の原因(病理)の発見→原因の除去(薬物、手術などによる)→治癒という流れとパラレルであることが解る。フロイトがこのような点に注目し、彼の治療法が「科学的」であることを世に示し、そのために彼の学説がアメリカにおいてもてはやされることになったことは、既に第四章で述べたところである。

このような考えをわれわれは医学モデルと呼んでいるが、最近のわれわれ心理療法家の経験としては、このような医学モデルがあまり有効でないことを実感しはじめたのである。確かに先に述べた教育モデル同様、この医学モデルも、現代でも有効な場合があるのは事実である。しかし、このような単純なモデルのために、どれほど多くの人が苦しめられているかということも大いに強調しておかねばならない。人間という不可解で広く深い存在を、単純なモデルによって指導したり、原因の追求をされてはたまったものではない、と言うべきであろうか。

対人恐怖症のためにどうしても学校に行けぬ生徒に、学校へは行くべきだとか、行かないと損をする、と指導助言しても何の効果もない。あるいは、「学校に行けない原因があるだろう、それを言いなさい」などと迫っても、およそ答えられないであろう。時には、子どもたちは質問者の勢いにおされて、「先生が怖い」とか「お母さんがうるさい」とか適当に答えるときもある。原因追求型の線型の論理一本槍の人は、次に矛先を変えて、「原因」としての教師や母親を攻撃することになる。それに熱心な人ほど、自分の思いどおりの結果が生じないときは、その熱意は憎しみや攻撃の感情に変化しやすいものである。自分はこれほど熱心にやっているのに、母親が悪いから、あるいは、本人の意志が弱すぎるから……などの理由でうまくゆかぬと嘆いている人は多い。教育モデル、医学モデルに頼るときは、結果はうまくゆかぬとしても、自分は熱心で正しいことをしているのに、誰か必ず自分以外の悪者がいるからうまくゆかないのだ、という結論に達することができるので、なかなか便利である。このような便利さのために、有効性が低い割に現在もなお相当に用いられていると思われる。

自己治癒の力

指導や助言も効果がなく、病因を探し出す方法も有効でないとすると、どのような方法を用いるのがよいのであろうか。それは治療者が治療するのではなく、患者自身の治る力を利用することによってなされるのである。このことは心理療法において極めて大切なことであるが、なかなか理解されないことなので、もう少し詳しく説明しよう。

たとえば、学校に行きたいのにどうしても学校に行けぬと言う高校生が来談したとする。私がこの高校生を出来るだけ早く学校に行かしてあげたいという気持や、なぜ学校へ行きたいのか原因を知りたいという気持を全然もっていないと言うと、それはうそになるだろう。しかし、一応それらのことは括弧に入れておいて、ともかくこの高校生の自由な表現をできる限り許容し、それに耳を傾ける態度をとるだろう。そして、場合によってはその人の見た夢について話して貰ったり、絵を描いて貰ったり、箱庭を作って貰ったりすることになるだろう。多くの患者さんたちは、私に対して指導や助言を期待しておられたり、なかには「どうしてこうなったのでしょう」と尋ねる人もあるように、原因を早く知りたがったりされるが、それらにはほとんど関心を払わない私の態度に不思議な感じを抱かれるが、私の態度に支えられて、いろいろと自由な表現をされる。

これは、本人および本人を取り巻く人々の、そのときの意志や考えよりも「たましい」の語ることを尊重しようとしているのだ、と言うことができるであろう。夢や箱庭や絵画などを利用するのは、たましいの言語としての「イメージ」を尊重しようとするからに他ならない。

多くの人は後から振り返ってみて、なぜ自分はあんな話をしたのか解らないと言われる。つまり、学校のことを問題にするつもりだったのに、「自由に」話していたら、知らぬまに母親のことばかり話をしていたとか、まったく思いがけない過去のことを思い出して話をしてしまったとか言われるのである。これは治療者が通常の意識レベルにおける原因―結果の論理からフリーになった態度で接しているので、患者の方は知らず知らず感情のおもむくままに話をはじめ、心の深い層へと下降をはじめるわけである。自由に、感情のおもむくままに、ということは自我がたましいの方に主導権を譲るということである。

ところで、学校恐怖症で相談に来た高校生の話に耳を傾けていると、彼は学校のことなど忘れてしまって、彼の母親がいかに教育ママであるかということを詳細に語り、非難をはじめる。ここで単純な発想をする人は、母親がこの高校生の学校恐怖症の「原因」であると断定し、母親に指導を試みたり、それでもうまくゆかぬと——そんなときが多いのだが——子どもを母親から「自立」させようとして、下宿をさせたりする。「自立」がそれほど大切だったら、この高校生を思いのままに動かそうとしている自分の態度はどう考えられるかなどと、その人は全然反省しない。だいたい「人のためにつくしている」と確信している人は、まず反省などしないものである。そして、この試みが失敗に終ったとき、その人は自分がこれほどまでに努力してやったのに、それに従わなかった母子は、どうにも仕方がないと非難することになる。

われわれはこのようなとき、母親に会うこともめったにない。ひたすらこの高校生の話を聴き続ける。と言っても一度にはできないので一週に一回とか二回とか、日時を決めて会うのである。そうすると興味深いことが生じてくる。母親の悪口ばかり言っていた高校生が、ふと母親のよい点を見つけ出したり、自分が母親を非難する一方で結構甘えていたことを自覚するときもある。時にはもう少し劇的なことが生じ、子どもの家出をきっかけに、それまで逃げてばかりいた父親までが動き、父、母、子の三人の正面からの対決を経て、子どもが自立への一歩を踏み出すときもある。

ここで重要なことは、すべてが本人の心の動きによって生じることであり、言うなれば本人の自己治癒の力によってすべてが解決されたと言うべきことである。それまでは本人も誰かに頼ろうとし、他人も何とか助けようとして、それらの作用が人間の心の底に存在する自己治癒の力を妨害していたときに、治療者の態度がそのはたらきを容易ならしめた、と言うことができる。

人間のもつ自己治癒の力というものは、まったく不思議なものである。時には、患者さんに箱庭を置いて貰っているだけで治療が進むときがある。箱庭療法というのはもともとは西洋で創始されたものであるが、私はこれにはじめて接したとき、日本人に非常に向いていると感じ、一九六五年にわが国に紹介したものである。つまり、第五章で述べたような日本人の「自然」に対する態度のために、箱庭のような非言語的手段によって自分の内面を表現し、またそれを治療者が了解するということが容易なので、うまくゆくと思ったのである。果たしてわが国では大いに発展し、世界中でわが国が最も盛んであると言っても過言でないであろう[1]。

ところで、このような箱庭を患者さんに置いて貰うと、はじめは片隅に少しだけ置いていたような人がだんだんと箱の領域全体を使うようになり、表現も豊かになってゆく。そのようなことができてゆくにつれて、症状の方も消滅して治療が終るということになる。このような箱庭の変化の過程を写真にとっておいて見せると、素人にも明白にその流れが解る。そうして患者さんの内界に変化が生じ、治っていったことも納得されるのである。前章で述べたマンダラが見事に表現されることもある。もっとも、マンダラを置けば治るなどという単純なものでないことはもちろんであるが。

ところで、このような箱庭を見て多くの人が質問することは、「先生はここでどのような指導をされたのですか」ということである。またしても「指導」なのだ。何と多くの人たちが他人を指導したり、助けたりしたがることだろう。箱庭療法の本質は、治療者がそのような試みをまったく放棄して、ただそこにいることなのである。何もしないでただそこにいること、これが治療者の役割なのである。このように言っても理解できない人もあるかも知れない。そこで、治療者の役割について次にもう少し考えてみることにしたい。

治療者の役割

最初に教育モデル、医学モデルはあまり有効ではないと述べたが、そのようなことが無いと言うのではない。治療者としてはこれらのモデルが有効かどうかをまず判断し、それに従うべきときは、それに従うことが必要である。従って、われわれも必要と感じるときは、指導助言をしたり、原因追求の態度で接するときもある。治療者としてはこのような判断力と臨機応変の態度をもっていることが、まず必要である。

前記のような方法が有効でないとき――われわれのところまで来られる人はこのような人が多いが――われわれの態度は来談した人を客観的「対象」として見るのではなく、自と他との境界をできるかぎり取り去って接するようになる。治療者は自分の自我の判断によって患者を助けようとすることを放棄し、「たましい」の世界に患者と共に踏みこむことを決意するのである。ここのところがいわゆる自然科学的な研究法と異なるのである。

このような治療者の態度に支えられてこそ、患者の自己治癒の力が活性化され、治癒に至る道が開かれる。従って、治療者は何もしていないようでありながら、たとえば、箱庭を患者が作ろうとするとき、どのような治療者がどのような態度で傍にいるかによって、その表現はまったく異なるものとなるのである。そうでなければ、各人が勝手に絵を描いたり、箱庭を作ったりしてノイローゼを治してゆけそうなものだが、そうはならないのである。このような態度は言うはやすく行うは難いことであり、相当な訓練を受けないとできないことである。

自己治癒の力がはたらくと言っても、実はそこに大変な危険性や苦しみが存在することも強調しておかねばならない。たとえば、前記の学校恐怖症の高校生の心理療法をしていて、彼が「家出をする」と言い出したときどうすべきなのか。家出ということは彼の自立する力が強くなったから出てきたものである。簡単にとめてしまうことは、彼の自立への志向をとめることになる。さりとて、家出にすぐ賛成してしまうと馬鹿げた失敗になる。こんなときに治療者はどうすべきなのか。一応自己治癒の力として述べておいたことは、むしろ、自己実現の力と言うべきであるし、自己実現の力は時に人間の自我に対して破壊的にはたらくことを、われわれはよく知っておかねばならない。

最初にあげたヒステリーの例について考えてみよう。この人は耳が聞こえないのは確かに辛いことである。しかし、耳が聞こえぬということで夫にいろいろと迷惑をかけ、言うならば浮気をした夫に無意識的に復讐をしつつ、自分は悩まずに生きている。しかし、治ってゆく途中においては、このような浮気をした夫に対して自分はどう考えるのか、どのように生きるべきかについて考え、苦しまねばならない。多くの場合、治ることに苦しみはつきものである。というよりは、正面から苦しむことによってこそ治癒はあるとさえ言うべきである。

心理療法によって苦しみや不安が軽減されると思っている人は、心理療法によって苦しみや不安がむしろ増えてくると感じるだろう。治療者は患者がそれと正面から向き合うようにし、ただ、その苦しみを共にわかち合うことによって乗り越えようとしているのである。

解りやすい例をあげよう。ある会社員が会社に行く気がしないと言うので相談に来た。

ところが、カウンセラーに話をしているうちに、自分の上司が不正をはたらいており、それを同じ課のものは少しの恩恵を受けたりして見て見ぬふりをしている。自分だけがそれに仲間入りする気がせず、さりとて密告するのも嫌だし、毎日がゆううつで仕方がないと話をした。ところで、そのカウンセラーはまったくの素人だったので、単純に考えてしまって、そのことを本人には内緒で会社の幹部にもらしてしまった。暫くたって、例の上司は左遷され、来談した社員は喜んで会社にゆくようになった。カウンセラーが喜んでいると旬日ならずして、その社員は欠席をはじめ重い抑うつ状態になり、結局は退社してしまった。

これは二十年ほど前の話で、現在では専門のカウンセラーならこのような馬鹿げたことは決してしないだろう。つまり、相談に来た会社員は上司のことを嘆き、それを攻撃したり、どうすべきか悩んだりすることを自らやりぬくことにこそ意味があったのだ。本人に内緒に事を運んだカウンセラーは、言うなれば当人の生きる意味を奪ってしまったのであり、強い抑うつ状態になったのも当然である。素人はとかく人の役に立ちたがって失敗するのである。

ここまで述べてきた治療者の態度は、第五章で自然について述べたことと関連させて言うならば、できるかぎり人為を排して自然《じねん》のはたらきにまかせる、ということができるであろう。ここに心理療法にとっての宗教の問題が生じてくる。宗教と言っても特定の神を信じ、教義を守ろうと言うのではない。自分の自我を超えた自然《じねん》のはたらきに身をまかそうとする。しかし、あくまでそこに生じる現象を把握し、できるかぎり理解してゆこうとする態度は失っていない。従って、一般に考えられるように、宗教によって守られて安泰になるのではなく、むしろ、限りなく不可解な領域に正面から向かってゆこうとする態度を述べているのであって、危険に満ちていると言わねばならない。

自己実現という言葉も最近では安易に用いられて、それに伴う危険性や不可解さなどに対する考えが抜け落ちていることが多い。晩年の夏目漱石は、彼の言う「剣呑な自己」の顕われに対して、いかに人はそれを客観視し得るかという例として次のようなたとえ話をしたと言う(2)。たとえば、彼の娘さんが父の知らぬまに片目になってしまっていて、ひょいと目の前に現われたとする。普通の親なら大騒動するだろうが、「今の僕なら、多分、ああ、そうかといって、それを平静に眺めることが出来るだろうと思う」。漱石の弟子たちもこれには驚いて、それは残酷だと言った。すると漱石は「およそ真理というものはみんな、残酷なものだよ」と言ったとのことである。

漱石の言葉は、「およそ自己実現というものはみんな、残酷なものだ」と言いかえられるかも知れない。そして、心理療法家は漱石が言うようにその現象を「平静に眺める」目を持つのみならず、その現象のなかに自らも身を置いて、その自己実現というものの残酷さからできることならば逃れたいと感じる気持も、持っていないと駄目なのである。この両者の間に立って、治療者自身もどうしていいのか解らぬほどの境地に追い込まれたり、どちらかへの振れが強くなりすぎて失敗し、失敗を通じて軌道修正を試みたり、そのようなことの連続の中から、何とか新しい道が開けてくるのである。

道が開けたと思っても、すぐにまた行き止まりになることもある。このようなことを繰り返し繰り返しして、十数年の年月を共にすることもある。心理療法家の道は平坦なものではない。

コンステレーションを読む

人為を排して自然《じねん》に頼るということは、簡単に言ってしまえば何もしないこととさえ言える。既に述べたように心理療法で失敗するときは、何かをしないことよりも何かをすることによる場合が多いものである。しかし、治療者は冷たい観察者ではなく、そこに生じる現象に自らが参与していなくてはならない。前者の態度が強いと、患者は決して続けてやってきてくれないだろう。何もしないでいて、全存在をそこに参与させることは極めて難しいことである。そのためにはどうするのがよいであろうか。

先にあげた会社員の例によって考えてみよう。あのとき、素人カウンセラーは、来談者が会社を嫌になる原因は、不正を行なっている上司であり、その原因を取り除くことによって問題を解決しようとした。これは線型の因果律による現象把握の失敗をもたらした好例である。このとき、経験を積んだ治療者なら、来談者の話をもっともっと聞くであろう。そうすると、この人のこれまでの過去から、これからこの人が一人前の会社員として成長してゆこうとする未来への、全体的構図のなかで、この人が不正な上司との関係に苦しみ、なんとか乗り越えようと努力することの意味が見えてくるであろう。ここで大切なことは、その人の過去のみでなく未来をも考慮に入れて、全体を見ようとすることである。

そのような意味をはっきりと知ることによって、治療者は何もしないのではあるが、たましいのレベルにおいて、その現象にかかわってゆくことができるのである。すぐに原因と結果とを結びつけるのではなく、いろいろな事柄の全体像を把握することを、コンステレーションを読む、と言っている。コンステレーションは星座を意味する言葉だが、一応「布置」などと訳している。原因、結果という考えにとらわれず、ともかくそこに、ひとつのコンステレーションの出来あがっていることを認めるのである。

コンステレーションを読むためには、われわれは「開かれた」態度を持たねばならない。性急に悪や不正を排除しようとする態度をもつ人は、コンステレーションを把握できない。一般の人がすぐに拒否したがるような、症状や非行や事故なども、全体のなかに取り入れてこそ、意味のある構図が見えてくるのである。このように極めて「開かれた」態度で現象に接していると、第二章に論じた共時的現象が思いの外に生じており、それが極めて治療的に作用することを見出すのである。

このような点が私自身にとってもあまり明らかでなかった頃、私は自分の行なっている治療が「偶然に」うまくゆくことが多いので、他に発表するのをためらっていたことがある。要するにそれは偶然にうまくいったのであって、そんなことは一般的には役に立たないと言われそうに思えるのである。そこで、あるときやや自嘲的に「僕の治療は奇跡で治るだけや」と言うと、ある友人が「あんたの治療に奇跡が多いことについて真剣に考えたら」と言ってくれた。確かによく考えてみると、共時的現象はよく生じているのだが、それに対して開かれた態度をもっていないと、それを利用できることが少ないとも言える。

長い間学校へ行けなかった子がとうとう登校を決意する。明日行くというときに、風邪を引いて寝こんでしまう。このときに「またか！」と思い両親も治療者も落胆してしまうのと、登校する以前に病気ということを通じて母と子がもう一度一体感を確かめる機会を与えられたと受けとめるのとでは、まったく結果が異なってくる。病気のときは子どもも案外素直に甘えられるし、母親も子どもの肌に自然に触れられたりして、一体感を味わいやすいものなのである。奇跡が起ると言っても奇跡はしばしばマイナスの形で生じ、それを読む力のあるものにとってはプラスになることも多いので、コンステレーションを読む能力は治療者にとって非常に大切なものである。

せっぱつまったときに生じる共時的現象との関連において、いわゆるオカルト的なものがわれわれの仕事と相当に関係してくる。自己実現は残酷なものだと言ったが、その残酷さに耐えかねてオカルト的なものに救いを求める人が何と多いことであろう。まさに、藁をもつかむ心境なのであろう。一般にオカルト的として総称されるすべてのものに対して、偽物だとか絶滅せよとか言う気持はない。これらの人のなかには、コンステレーションを読む上で特異な能力をもった人たちもいるであろう。あるいは、本人たちの意図を超えて、興味深い共時的現象が生じ、好結果を生むこともあろう。しかし、一般的に見てやはり問題は実に大きいと言わねばならない。

相当な学問や知識のある人が、みすみす迷信とわかるようなことに多額の金を費やすので不思議に思うときがある。しかし、考えてみると、これは自己実現の残酷さに直面することを逃れるための免罪符としてなされていることがわかるときがある。自分は問題を解決するためには迷信と思えるようなことにさえ敢えて頼ろうとした。しかし駄目であった、と言うことによって、もっとも本質的な苦しみとの直面を避けるのである。それが免罪符的意味をもつために、金額は高ければ高いほど歓迎されるようなところがある。このあたりをうまく見越してうまく儲ける人もある。

コンステレーションを読むということは、単純な例をあげてしまったので、簡単に思われたかも知れぬが、実はなかなか困難なことである。次節に述べる「意識の次元」との関連で言うと、相当深い意識レベルにまで下降してゆかないと、全体像が把握できない。そのような特異な才能のある人が、それを職業とした場合を考えてみると、それによっていかに儲けるか、などということを真剣に考えはじめると、それは意識の次元では表層のレベルのことになるので、そちらに関心を持ち過ぎると、コンステレーションを読む能力が減退してくる。従ってその後はペテンとかいかさまに頼るようなことにもなってくるのである。それでも、人の弱みにつけこんでお金を儲ける方法には磨きがかかってくるので、実害が多くなるのである。

私は大きい苦しみを背負っている人にお会いすることが多いので、特にそのような話を聞くことが多いのかも知れないが、偽宗教や偽心理療法によって多額のお金を失ったり、単純な論理によって悪者扱いされている人に接することがよくあり、残念に思うことが多い。

心理療法家になるためには相当な訓練を必要とするが、わが国にも相当数の専門的訓練を受けた心理療法家が出てきたので、この人たちに対して公的な機関が資格を与えることを考えるようにしてはどうかと思っている。もちろん、誰がどのようなところに相談に行ったり治療を受けに行ったりするのも自由であるが、何も知らずに変なことに巻き込まれるのを防ぐ上において、少なくとも国家から資格を与えられた専門家がいる、というようにしていただきたいものである。さもなければ、今は悩みを持ちながらどこに相談に行っていいか解らずにいる人が随分多いので、みすみす危険なことにひっかかることが増加するのである。欧米の諸外国においては、国家などの公的機関が資格を認めていることが多いこともつけ加えておきたい。

意識の次元

今まで述べてきたことを、意識の次元という点と関連させながら、まとめてゆきたい。心理療法には数え切れぬほど多くの理論や技法があり、これまで異なる学派の間で、どちらが正しいかとか、どちらが有効であるかなどという論争が繰り返されてきた。そもそも学派によって理論が異なるなどということは、心理療法が「科学的」でないことを立証しているものだ、などという批判もあった。しかし、これは今まで述べてきたように西洋の近代意識のみを正しいと考えたときの「科学」としての議論であり、治療者が患者を客観的対象として見ずに、両者のかかわりを重視する態度をよしとする限り、議論はそれほど単純にゆかないはずである。治療の理論には治療者の人間としての在り方が何らかの意味でかかわってくるのである。その上に、第四章に述べた「意識のスペクトル」という考えに基づくと、患者のどのような意識のレベルを問題にしているかによって、理論や技法が異なるのも当然なのである。各学派の理論や技法は、ある特定の意識のレベルの問題について、特に有効性をもつと考えられるのである。

「意識のスペクトル」の図式に従って言えば、この図(第四章図2、一一二頁)の上方の意識レベルに限定するときは「科学的」アプローチが可能となり、下方に至るほど宗教性が強くなると言える。しかし実際の個々の例について言えば、これらの層は常に入り組んでいるし、当人が意識的に取りあげる問題が必ずしも、本来的なものとは限らないということもあって、実際的には簡単にゆかぬことが多い。たとえば、人間にとって死とは何か、などという極めて実存的な問題をもって学生相談所を訪れてきた学生が、恋人ができるとそのようなことはすぐに忘れ去ってしまうこともあるし、アルコール依存で、ともかく酒をやめたいと言ってきた人が極めて宗教的な問題に直面してゆくこともある。性《セックス》の問題に悩んで来談した人が、深い宗教的体験に至ることもあれば、宗教的な問題に悩んでいる人が、実は性《セックス》の問題に直面しなくてはならぬこともある。

「宗教的」と言っても問題は簡単ではない。お経を読んだり、写経をしたり、時には新聞の「宗教欄」に投稿して採用されたりしていても、非行を続ける自分の息子と正面から向き合うことができずにいる人もある。その人の「宗教」を偽ものとまで断じる気はないが、ありがたい経典がその人にとっては息子を避ける道具になっているとさえ感じられるのである。あるいは、もっと肯定的な言い方をするならば、親のせっかくの宗教心を深めるために息子は非行を続けている、と言うことになるだろう。

意識のスペクトルのそれぞれの層において、各人の得意、不得意があると考えられる。人間のもつ影について分析を行い、その人の自我を強化することが得意な治療者が、必ずしも宗教的な深さをもつとは限らないのは当然だが、深い意識の層における体験をもった人が、必ずしも表層のレベルの問題解決に役立つとも限らないようである。日本のある有名な宗教家の話を聞いたヨーロッパの友人に感想を聞くと、「宇宙と一体となったり、宇宙の心が解ったりする偉大な人が、どうして聴衆の気持を感じとれないのだろう」と言われて参ったことがあった。宇宙の心がわかるその宗教家は、聴衆が退屈し切っていることにお構いなく、同じような話を繰り返したというのである。このことによって、この宗教家をすぐに非難はできない。話の内容が深すぎて聴衆が退屈したのかも解らないのである。ただ、この宗教家がいかに深い体験をした人であろうと、家族間のいざこざやノイローゼのことなど相談しても意味のないことは明らかである。

心理療法ならびにそれに類似の仕事をする人は、自分がどのようなことができ、どのようなことができないかについて知っていることが必要である。もちろん、自分の限界はそれほど明白に解らないものではあるが、ある程度のことは知っていて、自分の守備範囲以外のことに手出しをしないように心がけるべきだと思われる。

意識のスペクトルに従って、患者は必要なときは「下降」を行わねばならない。しかし、単純に下降と呼んでいることも、本人の主観的体験としては、既設の組織を破壊するとしか思えぬような恐ろしいこととして感じられるものである。何か既知のものの上に(あるいは下に)未知のものがつけ加わるなどというのではなく、ともかく今まで頼りとしていたものがぶち壊される、と感じるのである。このような恐怖感や危険性を克服してこそ、真の「下降」が行われるし、下降によって体験したことを「わが事」として受けいれられるのである。このような下降には絶対に何らかの導き手が必要であり、禅における老師や、心理療法における心理療法家がその役割を担うのである。

禅の体験をもたない老師が存在しないように、心理療法家も自らが心理療法を受ける体験をもつべきである。このことは深層心理学の諸学派においては教育分析の必要性として明確にされている。自らの体験を基にせず、単に書物の知識のみを頼りとして心理療法を行おうとする人は、自己実現の残酷さについて認識がなく、患者に過酷なことを強いたり、単純なモデルに頼って、患者や患者の家族など――要するに自分以外の誰か――を悪者にして自己満足することが多い。

宗教と科学の接点

今まで述べてきたことで、心理療法が宗教と科学の接点に存在するものであることを了解していただけたであろうか。西洋の医学が人間の身体を「客観的対象」と見なすことにより、科学的な医学を発展させてきたように、人間の「心」というものを「客観的対象」と見なそうとしても、観察者自身も「心」をもっているので、そのようなことが成立しないのである。もちろん、そのようなことが生じないように治療者ができるかぎり「客観的」な態度をとることにより、科学的治療が行えると考えられたこともあった。確かに問題を限定すると相当科学的に治療が行えることは事実である。しかし、「たましい」のレベルまで問題にするときは、科学的にはできなくなってくる。既に述べたように、治療者がいわゆる「客観的」な態度をとるかぎり、患者の自己治癒の力がはたらきにくくなり、治療は進展しないのである。

既に述べたような「開かれた」態度によって治療者が接すると、それまでに考えられなかったような現象が生じ、そこにはしばしば共時的現象が生じる。その現象は因果律によっては説明できない。しかし、そこに意味のある一致の現象が生じたことは事実である。そのことを出来るかぎり正確に記述しようとしたとき、それは「科学」なのであろうか。それは広義の科学なのだという人もあるだろう。しかし、それはまた広義の宗教だとも言えるのではなかろうか。つまり、そこには教義とか信条とかは認められないが、自我による了解を超える現象をそのまま受けいれようとする点において、宗教的であると言えるのではなかろうか。

宗教はもともと人間の死をどのように受けとめるか、ということから生じてきたとも言うことができる。死をどう受けとめるかという点から生じてきた体系、と言っても、それは単なる知識体系ではない。たとえば、仏教において戒・定・慧の重要性が説かれるように、戒を守ることや禅定の体験を通じて得られる知こそ意味があるのである。

しかし、近代人は既に述べたように自我が肥大し過ぎて、過去の宗教の体系を単なる知識体系として見ようとすることもあって、なかなか受けいれられない。従って既存の宗教を信じられなくなるのだが、何を信じようと信じまいと、人間にとって死は必ず存在するのである。最初はいかに生きるかに焦点があてられていた心理療法においても、死をどう受けとめるかが問題にならざるを得なくなった。ユングは彼の患者の約三分の一は、この世によく適応している人だったと述べている。いかに適応している人でも、死の問題は残る。ユングのもとに来たこれらの人は、いかに生きるかということよりも、いかに死ぬかという問題のために来たと言っていいだろう。

死を特定の教義によって説明するのではなく、ともかく虚心にその現象を見ようとするとき、いろいろと不思議な現象――共時的現象――が生じることについては、第三章に述べた。その点について、キュブラー・ロスは死後の世界を信じているのではなく知っていることを強調する。しかし、ここで彼女は意識の次元での取り違いをしているように思う。深い意識の次元で「知った」ことを、浅い意識の次元の事実として語っているのではなかろうか。ケン・ウィルバーの図式で言えば、「心」のレベルにおいて死後の世界は存在するだろう、というより、そこでは生と死の区別さえなくなるのである。しかし、死後の世界の存在について、キュブラー・ロスは「自我」のレベルで語っている、あるいは、そのような誤解をひき起すような語り方をしているように思われる。

「死」というような恐ろしいものと対峙してゆこうとするためには、こちらも相当に確固とした基盤をもたねばならない。キュブラー・ロスがそのような確固とした基盤を持っていることは疑いのないことであるが、それをどのような「知」の在り方として表現するか、という点に問題があるように感じられるのである。言語化不能のような領域を、どのように言語化するかという問題がつきまとうのである。

このあたりに、宗教と科学の接点に存在する心理療法の難しさがある。「自然《じねん》にまかせる」と言っても、それは文字どおりの無為でいるわけではない、そこに生じてくる危険性について考え、治療者としてのかかわりの必要性を感じるとき、治療者としては多くの知が必要となってくる。従って、私は治療を行いつつこれまでに述べてきたような宗教と科学の接点ということについてもいろいろと考えてきたのである。このようにいろいろと考え、知識をもつことは必要であるが、私としては心理療法の実際を離れてしまうと駄目だと思っている。私としては心理療法という極めて実際的なことを離れて読書したり思索したりしても、おそらく足が地から離れたものとなってしまうと思われるのである。

これまで論じてきたようなことは、もっと多くの文献研究や思索を必要とするので、時には心理療法のためにあまりに多くの時間とエネルギーをとられるのを残念に思うときもあるが、人にはそれぞれの役割があるから、今後もこの仕事は続けてゆこうと思っている。暫く以前、私は学生諸君とよく「交渉」をしなくてはならぬ職にあったので、時には不意に血気盛んな学生諸君にいわゆるカンヅメにされてしまうようなこともあった。そんなときでも私は心理療法の約束の時間が来ると学生諸君に了解を求めて、一時間とか二時間とか部屋を出て患者さんに会いに行った。それがすむと、また帰ってきて「カンヅメ」になるのだから、不思議なカンヅメだが、このことに関する限り、学生諸君は極めて紳士的で一度も妨害されたことはなかった。なかなか大変なことが多い時だったが、私はともかく心理療法家としての仕事を守り抜けたことを嬉しく思っている。

心理療法家には守秘義務があるし、既に述べてきたような深い関係において生じてきたことを簡単に公にし難いということもあって、本論においても自分の臨床経験を述べつつ論を展開するということができなかった[3]。そのために説得力が弱くなってしまっている点は申し訳なく思うが、今の所は致し方のないことである。もう少し年月がたてば一般の人に対しても、ある程度の臨床体験を語ることができるかも知れないし、別にそんなことは一生しないかも知れない。しかし、これまで述べてきたことは、私の心理療法の経験という極めて実際的なことを通じて出てきたものであることは了解していただきたいと思う。

東洋における宗教の基礎にある自然《じねん》と、西洋近代の科学の対象であった自然《ネイチャー》は、現代において思いの外に重なりを見せ、新しい科学、新しい宗教の課題となりつつあると思われる。「人間の性質《ネイチャー》は、自然《ネイチャー》に逆らう傾向をもつ」とはユングの言であるが、人間のネイチャーを問題とせざるを得ない心理療法という領域が、新しい科学と宗教の接点として浮かびあがってきたのも故なしとしないと思われるのである。人間の「意識」ということが、心理学の分野をはるかに超えて今後もますます大切な課題となるであろう。

注

（1）箱庭療法については詳述できなかったが、一般に解りやすいものとして下記を参照していただきたい。河合隼雄／中村雄二郎、明石箱庭療法研究会『トポスの知――箱庭療法の世界』ＴＢＳブリタニカ、一九八四年。

（2）阿満利麿『宗教の深層――聖なるものへの衝動』人文書院、一九八五年。漱石の「自己」について論じたところに紹介されている。

（3）筆者の心理療法に関する考えについて詳しく知りたい方は、『心理療法論考』新曜社、一九八六年、を参照されたい。

あとがき

本書は「宗教と科学の接点」と題して、雑誌『世界』の一九八五年七月号より一九八六年一月号まで(十月号を除く)六回にわたり連載したものに、訂正加筆したものである。連載中、紙数制限のため書き足らぬように感じた点について、ここに適当に加筆を行った。

宗教と科学の接点の問題について、『世界』に連載して欲しいと、岩波書店編集部の大塚信一さんと岡本厚さんに依頼されたときは、問題が難しすぎるし、その任にあらずということでお断りするつもりであった。ところがお会いして話し合っているうちに、この大問題を正面から取りあげて論じるというのではなく、筆者が自分の経験から見て、現在のところこう考えているということを、エピソードなどを混じえて平易に書いて欲しいということであったので、お引き受けすることにした。「宗教と科学」ということは、筆者の年来の課題であり、それなりに考え続けてきているので、大上段に振りかぶるのではなく、ともかく、自分の現時点での考えを一応まとめさせて頂くことにしようと思ったのである。

宗教と科学との対話は、おそらく二十一世紀の極めて重要な課題となると思われる。このような問題を論じるに当って、筆者は宗教学者あるいは自然科学者として該博な知識を背景に持って語っているのではない。この問題を論じるのに適切と思われる哲学者でもない。本文中にも述べているように、まさに宗教と科学の接点のあたりを右往左往せざるを得ない、心理療法家としての実際経験を踏まえて発言しているのである。従って、この問題に対して系統的に網羅的に述べてゆくのではなく、自分の経験を通じて学び考えたことを基にして発言している。たとえば、この問題を考えてゆく上で極めて重要な、生命科学のことについて言及していないが、これは自信のある発言が困難であったためである。この点、自分の勉強不足についてはお詫び申し上げるが、本文中で「たましい」のこととして論じた事柄については、実際的体験をある程度積み重ねてきたと思っている。

現代において人間が真剣に生きようとすれば、宗教と科学の接点の問題にどうしてもぶつからざるを得ないであろう。筆者は現代に生きている人たちの、生きざまに直接に触れる経験をしつつ、そこから生じてくる宗教と科学の問題について、できるかぎり考えてみようとしたのである。従って、この問題について知的好奇心を持っている人たちに対しては、満足して頂ける解答をここに示せなかったと思うのであるが、むしろ、実際の生活から生じてくる問題点をいろいろと提起して、これから多くの人がこの問題にかかわってゆかれる上でのヒントとなることを示せたのではないか、と思っている。本書がそのような問題意識を喚起して、新しい発見や理論が生じてくるきっかけとなるならば、真に幸いなことであると思っている。

問題が大きいだけに、まだまだ書き足らぬし、もっと文献も調べるべきだと思うのだが、現時点ではこれくらいのところが筆者の限界であるだろう。それでも、このようにして「連載」という半強制的な機会を与えられたからこそ、ここまでのことができたので、さもなければ、もっと調べなくては、などと思いつつ、あいまいなままで放ってしまって、まとめることもできなかったであろう。せっかくの機会を与えて下さった、大塚、岡本両氏に深く感謝する次第である。

問題の性質上、専門外のことにも多く言及することになったが、その点でまったくの見当違いの発言や、誤りを犯していないかと心配している。幸いに諸賢の御批判を得て、改めるべきところは改めてゆきたい。

これまでの学問研究という概念からすれば、随分と枠をはみ出た発言と見られることも多く認められるであろうが、この小著が新しい研究領域の地平を拓いてゆくための一助ともなれば、著者としてこれ以上の幸いはないと思っている。

一九八六年三月

著　者

補論　宗教と科学の対話

一　対話の困難さ

宗教と科学との対話について考えると、まずその困難さの方が意識されるのではなかろうか。宗教と科学と言えば、対話というよりは、むしろそれらの敵対関係の方に関心が向いてしまう。おそらく、誰もがガリレイに対する宗教裁判などを想起するのではなかろうか。「それでも、地球は回っている」とガリレイが本当に言ったのかどうかはともかく、その言葉は決して「対話」として、宗教人に向けて発せられたものでないことは事実である。それは対話にならず裁判になってしまう。あるいは、近代になって、精神医学という科学の方法によってキリストの「病跡」を研究し、キリストがパラノイアであろうなどと結論しても、それは宗教と科学の対話になっている、とは言えないであろう。

もうひとつ、最近にあった例をあげよう。一九八四年三月に、欧米諸国と日本の科学者、哲学者、宗教家などが参加して「生命科学と人間の会議」というのが四日間にわたってひらかれた。(1)筆者もそれに参加したが、そのときに特別講演として仏教者の藤吉慈海師が「仏教の生命観について」話をされた。師は仏教がいかに生命を大切にするかについて述べ、「比丘《びく》となった人、つまり一人前の立派なお坊さんは、お寺の庭に生えている雑草を抜くことも禁じられています」と言われた。それにしてはお寺に雑草が生えていないがと、私の隣に居たヨーロッパの生命科学者がつぶやいていると、それに気づかれたのか、藤吉師は「お坊さんは、信者に向かって「あそこに草が生えているね」と申しますと、信者が代って草をとってくれる」と言われた。

私の観察によると、このような説明は、欧米の科学者たちに納得されなかったようである。「生命がいかに大切か」という、せっかくの仏教者の話は、残念ながら欧米の科学者の心にとどかなかった。生命ということをめぐり、科学者、哲学者、宗教家などが一か所に集まって話し合ったのであるが、「対話」となると実に難しいことだ、と私はその会の参加者の一人として痛感したのである。

それでは、そもそも「対話」ということはどういうことであろうか。二人あるいはそれ以上の人間の間に成立するのは、次のような条件が満たされているときであると思われる。

(1) 参加者はその話題に関して対等の立場にある。
(2) 参加者の発言の自由が保証されている。
(3) お互いに了解し得る言語で話し合う。
(4) 話の内容のいかんにかかわらず、お互いの関係を切らない。
(5) 参加した結果、何らかの新しい発見があることが望ましい。

以上のようなことを考えてみた。われわれが実際に誰かと話し合っていて、「対話」ができたと思うときは、以上のような条件が満足させられているのではなかろうか。話者のどちらかが優位にあるときは、忠告、助言、教える、説教する、などということになってしまう。また、発言するときに、これは言ってはならないとか、気がねをしていたりしては対話にはならない。お互いに了解し得る言語というのは、同じ国の言葉ということ以上に、もっと厳密な意味で言っている。たとえば、親子の間など、お互いの言葉が了解できないことがよくあるのだ。

発言の内容のいかんにかかわらず関係を切らない、関係の継続の意志がある、ということは大切なことである。そんなことでは「話にならない」とすぐに関係を断ってしまっては駄目である。そして、実際のところ、すぐにでも関係を断ちたいほど相手のことを無理解と思ったり、あるいは、相手にそう思われそうなことをあえて言ったりしつつ、関係を継続してこそ、実りあることになるのだ。対話は相当な心的エネルギーを必要とする仕事である。

以上の(1)―(4)を満たしておれば、必然的に生じると言ってよいほどであるが、対話の結果として何らかの発見があるはずである。(5)に「望ましい」としたのは、新しい発見ということにこだわると焦ってしまうし、時には発見のないような対話も継続しているうちに、発見に至ることもあるからである。時には、片方だけに発見が生じることもあるが、だいたいは対話者がそれぞれ発見をするものである。

対話について以上に述べたことは、実は筆者の心理療法家としての経験に基づいて言っている。心理療法こそ「対話」による仕事であり、ここに述べたようなことをし遂げるために多大なエネルギーを使っているのである。そして、それがいかに困難なことであるかも、経験的によく知っているつもりである。そこには、了解し難いことを何とかして了解しようとする努力や、すぐにでも断ちたいと思う関係を維持してゆこうとする強い意志などが必要となるのである。

対話をこのようにして考えてくると、宗教と科学というものの性格から考えて、その対話などほとんど不可能とさえ思えてくるのである。まず、宗教者とそれ以外の者との場合を考えてみよう。もし、宗教家が絶対者の代弁者として発言するならば、その相手は決してそれに対等であることはできないであろう。対等であろうとすることは、「絶対者」を否定することであり、それではその宗教が成立しないのである。それに、その宗教が戒律や教義をもっているとき、それに反する自由は許されないであろう。とすると、宗教家と「対話」することは、非常に困難ということになる。

科学には「絶対者」はない。しかし、科学者が「真理」として主張することには絶対と言っていいほどの確信をもっている。それを破るようなことが実証的に出て来ない限り、彼はその真理を疑うことはないであろう。とすると、科学者が非科学的な人と対するとき、そこには「対等」な関係が生じることはできないであろう。片方は真理について知る人であり、他方はそれを知らない人なのである。あるいは、科学者がその理論によって説明できない現象について語る人に対して、「そんな馬鹿なことはない」とか、「単なる偶然である」として、切り棄ててしまうなら、そこには「対話」の成立する余地がなくなってしまう。

端的に言ってしまえば、宗教家であれ科学者であれ、「対話」をするのが非常に困難な人たちである、ということになる。「対話」の相手にするには「偉すぎる」のである。そのような両者が対話するなどということができるのであろうか。あるいは、そのような必要があるのであろうか。もちろん、非常に偉い、有名な科学者と宗教家が「対談」することなどはよくあるだろう。しかし、そのような場合はお互いに慎重に他の領域を犯すことのないように礼儀正しく行われるので、それは筆者がここに述べている「対話」とは本質的に異なるものであることは明瞭であろう。もっとも、そのような「対談」が極めて有益であったりすることには、反対するものではないが。

このような「偉い」宗教家と科学者の対話が不可能としても、自分の心のなかの宗教家と科学者の対話という点で考えてみるとどうなるであろうか。人間は誰しも心のなかにそのような人物をもっている、と言ってよさそうである。たとえば、筆者の心のなかの宗教家が輪廻転生を信じているとすると、自分の心のなかの科学者に「そんなことってあるのでしょうか」と話しかけることだろう。そこで、科学者は何と答えるか。「そんな馬鹿なことはあり得ない」と言う。そしてその「論戦」に科学者が勝利すると、筆者は輪廻転生などということを棄却することになる。

このような対話も、現代では成立し難くなっているようにさえ思われる。心のなかの「科学者」が優位を誇るようになり、「宗教家」の方はまったく無力になってしまう。そして、その人は無宗教、無神論を標榜することになる。現代の日本人にはこのような類の人が多いのではなかろうか。宗教家が主張するような多くのことは、現代の科学によって否定されることが多いように思われるのである。

筆者はかつて、小学生の女の子に、宇宙の構造についていろいろ質問され、銀河系のことなどの話をさせられた後で、彼女の死んだ母親は今どこに居るのかと質問されたことがある。彼女は大人たちが慰め顔に、あなたの母親は天国に居るとか、またいつか会えるからね、などと言うのを聞くとそれを信じたくなってくる。しかし、彼女の心のなかのそのような宗教者は、科学者との対話に困難を感じ、その対話がどのように大人の心のなかで行われているかを知ろうとして、筆者に問いかけてきたものと思われる。

そのような心のなかの対話を抜きにして、単なる口先だけの慰めとして、あなたのお母さんは天国にいると言っているのだとしたら、それは欺瞞である。そのような「大人だまし」に子どもはだまされない、と彼女は言っているのである。われわれ大人は、心のなかでの宗教と科学の対話が自分としてはどのように行われているかについて検討してみる必要がある。心のなかでも宗教家と科学者はそっぽを向き合ったままで共存しているのであろうか。宗教と科学の対話というとき、このような心のなかでの対話についても考える必要があると思われる。

二　近代科学の点検

心のなかでも宗教家と科学者はそっぽを向き合っているのか、と述べたが、実はわれわれが現在、近代科学の創始者として考える有名な人たちの心のなかでは、両者は完全に共存していたのである。この点については、村上陽一郎『近代科学と聖俗革命』(2)に詳しく論じられている。同書より引用しつつ、村上の論をまず紹介する。

村上は、十七世紀に「今日われわれが、自然科学という言葉で呼び慣わす知識体系の祖型はほとんど、この世紀に集中して形成された」ことをまず指摘する。たとえば、一六〇九年にはケプラーの『新天文学』、一六三二年にはガリレイの『天文対話』、一六四四年にはデカルトの『哲学原理』がそれぞれ刊行されている。その他名前をあげることは省略するが、それぞれの分野で「近代科学」の創始者と考えられる人たちがここに名を連ねている。

しかし、これらの人をわれわれが現在用いているような意味で、「科学者」と同じと考えるべきではない、と村上は警告する。「近代から現代への自然科学の歴史的な発展過程のなかで、人びとは、一七世紀の登場人物たちの主張や考え方のなかから、ある一つの様相だけをとり出し、それ以外のものをすべて捨て去った結果をもって、近代自然科学と呼んでいるのだ、と言うのが正しかろう。」つまり、近代＝現代の科学者たちは、十七世紀の学者たちの業績のなかから、自分たちが「科学的」と思う部分だけを取り出してきて、「科学」と呼んでいる、と村上は主張する。

たとえば、ケプラーは惑星の運動の三法則を定立したが、それは現代人の考える「科学的」思考とは大いに異なり、「彼の三法則発見の直接的動機は、この宇宙には、音楽的な和声、すなわち数的な秩序が成立しているという確信に裏づけられた「調和」の探求であった」。そして「このような「調和」の思想は、今日の眼から見れば、「科学的」

どころか「神秘的」としか言いようのないものであった」。ニュートンもまた、ずいぶんと「神秘的」な考えに傾斜する人であったことも、よく知られている。錬金術、心霊術、神学などに対して、彼は単に関心をもつなどという表現をこえたコミットメントを示している。

このような事実を考えると、十七世紀に生きていた「科学者」と現代の科学者の間に相当な不連続面が存在することがわかるが、それについて村上は「聖俗革命」と呼ぶことを提案する。すなわち、十七世紀の「科学者」たちは、神と人間と自然との関係について考え、「神の存在のなかにのみ」把握し得る自然に関する真理を、人間がいかにして知るか、について努力してきたのに対して、現代においては「神の存在のなかに」ある真理が「人間の心のなかに」とかきかえられ、「「信仰」から「理性」へ、「教会」から「実験室」への転換」が生じたのであり、まさに「聖俗革命」と呼ぶのにふさわしい大変化である、と考えるのである。

このような転換は十八世紀になると、ますますその形を明らかにすることになり、「一八世紀は、自然についての知識が、人間と神との関係において、いかなる位置を占めるか、という問そのものが次第に風化し、神が棚上げされ、知識論は人間と自然との関係のなかだけで問われるようになる、言い換えれば、神の真理ぬきの真理論、そして神の働きかけぬきの認識論が成立するようになる過程が進行してゆく時代と考えられる」。

村上の提案する「聖俗革命」は、したがって、二つの段階がある。「その第一は、知識を共有する人間の側の世俗化がそれであった。」神の恩寵などに関係なく、すべての人が等しく知識を担い得る、と考えるのである。第二の段階は、「神―自然―人間という文脈から自然―人間という文脈への変化がそれである」。つまり、神の存在を前提にせずに、人間が自然に関する真理を知ることができる、と考えるのである。

神ぬきの真理の探究を行うようになった科学は、十九世紀においてその成果をテクノロジーと結びつけることによって、その有効性を世に示すことになった。しかも、それはヨーロッパという狭い地域を出て、全世界に対してその有効性を――相当な流血と引きかえに――示すことになった。科学・技術の成果は、地域・文化・宗教などの相違を超える「普遍性」を示す点において、驚くべきものがあった。

このような「普遍性」をもった科学がテクノロジーと結びつくと、人間は誰しも自然をコントロールできるようになると考える。そのようなことが可能であるためには、近代科学における方法論において、観察者が観察するべき現象と完全に切断され、それを「客観的」に観察するという前提を必要とする。つまり、神という絶対存在が思考のなかから排除されるのと引きかえに、「客観的」に現象を観察する、現象に対して絶対的な地位を保つ、観察者が出現したのである。そして、その観察者は「現象」をテクノロジーによって操作する「支配者」に姿を変えてゆく。神の代りに現象の外に立つ「人間」が、支配者として登場してきたのである。

このような支配者としての地位を獲得するためには、他と切り離されて自立した「自我」を確立しなくてはならない。したがって、十九世紀の欧米人にとって、自我の確立、自立ということが重大な目標となったのである。完全に自立した自我をもったものは、他を支配できる。ここで興味深いことは、この世を創り出すという仕事をなし遂げ、言わば世界と切り離されて独立に存在している神というものを否定しながら、構造的にはその一神論的構造[3]を継承して、その神の位置に人間(自立した人間)を置くことにした、という事実である。

神ぬきで人間を考えるとするならば、人間の「進歩」ということが非常に大切になってくる。ともかく以前の人間より「進歩」している、ということによって安心できるのだ。これまでは神によって認められることによって安心できていたが、それがなくなると、何らかの尺度を人間がもたねばならず、その点で「進歩」というのは非常によく見えるし、実際にテクノロジーはどんどん進歩し、人間の支配力は高まる一方である。

このような近代の傾向に対して、まず疑問を呈したのは、人間の悩みの種となる「神経症症状」であった。症状は自我のコントロールに服さない。それを神からの贈りものとか、罰とか考えることができないとすると、何とかして、それを「普遍的」な法則によって説明することを試みなくてはならない。それに挑戦したのがフロイトであり、それはある程度の成功を収めた。彼は「無意識」という概念を導入してくることにより、神経症の症状の発生を、原因―結果の連鎖によって説明できると考えた。この点は周知のこととして繰り返しを避けるが、ともかく、人間の心が「科学的」に究明され、神経症が「科学的」に治療されるということになり、言うなれば、近代科学の応用範囲が人間にまでひろがったと考えられた。

しかし、そこには落とし穴があった。厳密な方法論に立つ近代科学者が厳しく批判するように、フロイトの精神分析は近代科学ではないことがすぐ明らかとなった。つまり、そこでは現象と切り離された「観察者」という立場を取ることができないのである(だから精神分析はまやかしだとか、役に立たないなどと速断できぬことは、次節の論によって明らかにする)。治療者と被治療者の関係を抜きにしては、精神分析のことを語れぬことが明らかになってきたし、たとえフロイトが初期に主張したように、分析家が客観的観察者となり得たとしても、患者の内省に頼らぬかぎり治療はすすまないし、患者は自分の「無意識」について報告するときに、客観的観察者などにはなり得ないのである。

精神分析を批判する科学的な心理学者が、人間の「行動」を研究対象として取りあげようとするのは、自然科学の方法論に従おうとする限り当然のことである。このような考えに立って、行動療法とか行動変容の技法などが開発されたが、これもある程度有効であっても、他の科学技術のような有効性をもつものではない。つまり、テクノロジーの対象として「もの」を選ぶときはよいとして、人間存在を選ぶときは、そう簡単に「支配」することは出来ないのである。そこには、人間と人間という「関係」が生じてくるために、近代科学において重視された方法論がそのまま役立たなくなるのである。

近代は村上の言う「聖俗革命」が科学の世界において起こり、そのために人間は急激なテクノロジーの「進歩」を体験した。それがあまりに効果的であったので、科学的思考法が人間の考え方の中心となり、神をぬきにして、人間がその「自我」を確立させ、その自我が他を支配してゆく、その程度をどんどん強めてゆくことによって「進歩」し、幸福になると考えた。ところが、人間が他と切り離されたものとしてではなく、他と関係するものとして考えざるを得ないことが生じてきて、近代を見直すことが必要となってきたのである。

三　関係性

現代における多くの心理的問題の根底に「関係性の喪失」ということが認められる。すでに述べたように、自分が強く自立することによって、他を支配し操作するイメージが強くなり過ぎたため、たとえば、「上手な育児法」などというものが存在し、そのマニュアルどおりにすれば、「よい子」が育つなどという錯覚を起こす。そのとおりに育てられた「よい子」は、関係性の回復を願うので、あれこれと「問題」を露呈してくるが、両親は何とか「よい方法」はないか、と努力するので悪循環が続き、はては子どもも暴力をふるわざるを得ないことになり、時には殺人事件などさえ生じることは周知のとおりである。

欧米に生まれてきた、強力な自我確立の傾向が、一神論的構造をもつことを指摘したが、それがキリスト教という信仰によって支えられているうちは、関係性の喪失による問題は生じなかった。神と人間との間には明確な切断があるが、それをつなぐものとしての「神の愛」ということは、キリスト教においては中心的な役割を担っている。このことが、人々をつなぐのに役立つわけである。人―自然という関係、自―他という関係の上に、神という絶対他者の存在を措定するとき、人間は何もかもを支配できるなどという傲慢に陥らずにすむのである。

しかし、問題は簡単ではない。キリスト教を背景にして生まれてきた西洋近代自我は、自然科学というものを生み出し、その真理であることを実証してきた。ところが、それによって得られた結果は、キリスト教の教える個々の事実と整合しないことも多いのである。聖書に語られる多くの奇跡を科学的に説明したり実証したりしようと努力する人さえ出てきたが、これも多くの人を納得させたとは言えない。信仰と科学は別だ、という割切り方があるかも知れないが、「一神教」という特性は「割切り」を許さない。全体的に整合性をもつシステムを考え出さねばならないとするならば、科学の結果の実証性に頼ってゆく限り、宗教の方はだんだんと否定されてくることになる。このような傾向は欧米において認められるし、これが彼らの間でも関係性の喪失という悩みを増大させている、と考えられる。

このような問題の解決のひとつとして、人間のもつ「知」のあり方を検討し、近代科学の「知」が、人間にとってすべてではないことを明らかにするという考えがある。中村雄二郎は「科学の知」に対して「神話の知」の存在を認め、後者も前者に劣らず人間にとって必要であることを明らかにした。「科学の知」については、すでに述べてきたこととして、「神話の知」について、中村が『哲学の現在』[4]に述べていることを引用して、その考えを紹介しよう。

中村は「神話の知の基礎にあるのは、私たちをとりまく物事とそれから構成されている世界とを宇宙論的に濃密な意味をもったものとしてとらえたいという根源的な欲求」であると述べている。「科学の知」が自分と現象の切断を前提としているならば、「神話の知」は、自分と自分をとりまく現象とのかかわりの意味を示してくれるものなのである。人間がこの世に生きている限り、自分と自分をとりまく物事(人間も含む)とのつながり、関係の意味というものがわかっていない限り、安心して居られない。しかし、それには「科学の知」は答えてくれない。

たとえば、心理療法家のところに訪れてくる、抑うつ症の人たちに「喪」の仕事が行われていないためと感じられる人が多くある。母親が死ぬ。あの母親がなぜ今、世を去っていったのか。これに対して科学の知は心臓麻痺などと説明してくれる。たとえそれが突然の強盗の犯行によって殺害されたとしても、「出血多量」などとちゃんと説明してくれるのである。しかし、本人の知りたいのは、「自分との関係のなかでの、母の死の意味」を知りたいのである。母の死を受けいれるためには、それに必要な「喪」の仕事が必要である。そこには「神話の知」が必要になってくる。現在の悲劇は、既成の宗教の提供する喪の儀式が、ある人にとっては、まったくその本来的意味を失ってしまっている、ということである。各人が自ら「神話の知」を見出す努力をしなくてはならないのである。

母親を失った人が、たとえば「来世」という「神話の知」を信じるならば、その人と死んだ母との間に関係性が保持されることになる。しかし、問題は「来世」の存在などということを「科学の知」は承認するだろうか。おそらくしないことであろう。とすると、科学の知と神話の知の関係はどうなるのか、という問題が生じてくる。そして、ここで「真理はひとつ」という立場をとると、いずれか一方を否定しなくてはならなくなる。多くの場合、科学の知を真理と考えるので、それらの人は「神話の知」を否定し、無宗教を標榜する。

中村は、「複雑なものの単純なものへの分割という方向をまっしぐらに進んだ近代科学は、実に多くのものをつくり出したと同時に実に多くのものをこわし、また実に多くのものを発見したと同時に、実に多くのものを見えにくくした」と述べている。このなかで、科学が「こわし」、「見えにくく」したもののひとつが関係性ということであろう。

中村は、自分と世界とを切り離して考えるなかから出てくるイデオロギーに対して、自分を世界のなかに入れこみ、自分をも含んだものとして世界をみるコスモロジーの重要性を強調する。イデオロギーによって世界を律しようとする人は、自分を局外からものごとを操作し、支配する側に置いて考える。したがって自分が「絶対正しい」という考えをもつことができる。自分を知らぬ間に、一神教の神の位置に置いているのである。

これに対して、自分をも入れこむことになると、自分が「絶対に正しい」とは言えなくなってくる。しかも、その自分は他と切り離されることなく、関係のなかにある。このようになってくると、理論的に整合性をもつ、ひとつのイデオロギーによってみることが不可能になる。そこで、それは多義性をそなえたイメージとして把握するより他に方法がなくなってくる。多くの宗教の有している図像やシンボルがこれにかかわってくる。

ここで、「神話の知」のもつ危険性についても言っておく必要がある。それは人類が何度も経験してきたことであるが、神話やシンボルが「操作的」に使用され、ある特定のイデオロギーや思想を強化することに役立ってきたことである。日本の神話が軍閥によって使用された例などを、われわれは体験してきている。多くの神話は、その神話を共有しない人間を攻撃し、殺害してゆくために用いられる。為政者はこのような点をうまく利用し、大衆操作のために、新しい神話をつくり出したりもする。

神話のこのような害を体験してきたので、神話を全否定し、「合理的」に考えて生きることこそ正しいという態度を現代人はもってきたのだが、それは関係性の喪失、意味の喪失につながってゆくものであることは、すでに述べたとおりである。

そこで、宗教と科学との対話が可能かということになる。すでに述べたように、宗教が教義という絶対に正しいものにより、科学がその「普遍性」を誇る理論によっている限り、両者の間には「対話」は生じないのではなかろうか。ここで、対話が行われることの困難さと、そこに必要な努力を示している例として、これまた困難と考えられる、東洋と西洋、宗教と哲学、の間の対話を示しているものとして、オイゲン・ヘリゲルの『弓と禅』(稲富栄次郎/上田武訳、福村出版、一九八一年)をとりあげてみたい。

ドイツの哲学者ヘリゲルは、日本の弓道の師、阿波研造師範に入門する。しかし、最初は彼らの会話はすれちがってばかりいる。ヘリゲルは「私が弓を引き射放すのは、的にあてるためです。引くのはそれゆえ目的に対する手段です」と合理的な主張をする。これに対して、「正しい弓の道には目的も意図もありませんぞ！」と強調する。会話は平行線をたどるが、ヘリゲルはあきらめない。とうとう「それでは先生は眼隠しをしてもあてられるに違いないでしょうね」と言ってしまう。これに対して、師範は「今晩お出でなさい」と言い、まったくの暗闇の道場で、射を試みる。ところが、甲矢《はや》が的を射たのみか、乙矢は甲矢の筈《はず》に命中するのである。

ヘリゲルは「この二本の矢をもって、師範は明らかに私をも射とめたのであった」と言っている。このようにして、二人の間に「対話」が成立してゆくのである。ここで「対話の成立」という点から考えると、非常に興味深いことが起こっている。まず、合理的な哲学者ヘリゲルは、その学者らしい慎みを破って、「暗闇でもできるのか」という挑戦を師範にしているところに注目すべきである。それに対して師範は「正しい弓の道には目的も意図もありませんぞ」と主張していたにもかかわらず、ここは弟子の挑戦に乗って、弟子を導く「意図」のもとに射を試みている。

これらのことは非難されるべきことではなく、むしろ、ヘリゲルも阿波もどちらも自分の領域から半歩踏み出してきているからこそ、対話が成立したと考えられないだろうか。両者が自分の土俵に固執している限り対話は生じないのである。もちろん、ここで一歩踏み出すことは危険すぎるであろう。それでは自分のアイデンティティが破壊されてしまう。しかし、半歩を踏み出すことは可能なのではなかろうか。と言っても、二人のこのような対話が成立するまでには、それぞれが工夫を重ねてきている時間の経過がある。時が熟することも対話の成立には必要と考えられる。

この対話において、阿波研造が実際に暗闇で射を試みたという行為を行なったことも大きい、と言わねばならぬ。「対話」というとき「言語」だけに限らないことが大切である。現代人は頭で考えることを重視しすぎて、実際に行為することの意義を忘れがちになっている。このような観点からすると、科学者が実験に熱中しているとき、その「実験」という行為そのものに「宗教的」意味が隠されていたり、健康のためにジョギングをしている人のジョギングという行為が、宗教的儀式としての意味をもったりしていることも、ありうるように思えてくる。つまり、そこでは科学と宗教の対話が一個人のなかで行われているのだが、その本人はそれを意識していないのである。このような点をもう少し意識化することに努めると、宗教と科学の対話が促進されるのではないか、と思われる。

四　物　語

対話を行うには、対話する人間が半歩だけ自分の領域の外に出る必要がある、と述べた。それにはどのようにするとよいだろうか。宗教はその「教義」から半歩でる必要があるし、科学はその「理論体系」から半歩でる必要がある。それにそれぞれが「すべてを説明しつくす」ものではないことを自覚することも必要であろう。

科学の方から言えば、先に近代科学の方法論として述べたことから、半歩外に踏み出すことであろう。しかし、このことは物理学の世界ではすでに行われていることであり、観察者が現象を「客観的」に観察することはあり得ないことを、相対性理論は告げている。このような観察者と対象との「関係性」のあり方に注目し、それを認めようとする態度は、もっと社会科学、人文科学と呼ばれている分野でこそ考えるべきである、と思う。これらの「遅れてきた科学」においては、すでに述べたようなテクノロジーと結びついた効率的な科学を真似て、近代科学の方法論に近づこうと努力するあまり、実態から離れた「学問」をつくりやすい傾向にある。つまり、方法論に忠実になろうとしすぎて、現象そのものを問題にする態度が弱くなってしまうのである。

宗教の方も「教義」をあえて否定することはないにしても、宗教現象を虚心にみることから出発してはどうであろう。教義を優先させると、現象を虚心にみることはできない。まず現象をみた上で教義なり、教祖の言葉なりに照らし合わせることをしてはどうであろうか。

このような態度をとって現象をみると、そこに、ユングの言う共時的現象が生じていることを認めるようになるだろう。先に示した阿波研造の射は、一種の共時的現象と言っていいだろう。「偶然」としか言いようのない現象に、「意味」を見出すことによって、それは共時的現象ということになる。ここで大切なことは、現象を経験したヘリゲルという主体が「意味」を見出したから、それは共時的現象と言えるが、ヘリゲルはそれは「単なる偶然の出来事」として棄て去ることもできるのである。

現象を虚心にみるというときに、もうひとつ生じてくる問題としては、意識のレベルということがある。通常の意識のレベルとは異なる意識のレベルがあり、それはこれまで「異常」とか「病的」というレッテルを貼られてきたものだが、最近はむしろ「意識の拡大」としてみられるようになってきた。宗教的な修行によって体験するヴィジョンや体験、などである。あるいは、心理療法的なアプローチの方法として、最近に開発されたいろいろな技法がある。これらに共通するところは、通常の意識のレベルと異なる意識状態における体験の重視ということである。

このような例として、アメリカの精神科医、ブライアン・ワイスの報告している症例を簡単に紹介する。(5) これは邦訳は「前世療法」と題されているが(原書名は *Many Lives, Many Masters*)、「退行療法」(Regression Therapy)という技法で、クライエントに催眠をかけ、どんどんと退行させ幼少時の記憶について語らせ、その次には「前世」の記憶を語らせるというものである。この症例はキャサリンと呼ばれているが、彼女は強い恐怖や不安に襲われる症状に悩まされていた。ワイスが退行療法を行なっていると、キャサリンが前世について語り出したのである。その後の経過は略すが、キャサリンの語る前世はどんどん遡って輪廻転生を繰り返し、彼女はそれによって彼女の現代の人生を「納得」し、彼女自身の症状は消え、以前よりははるかに魅力的になってゆく、ということが詳細に語られる。描写は的確で「客観的」である。

これを読んでいてすぐ思い出したのは、筆者の知っている例で、ある宗教家(仏教)によって前世のことを説かれて、納得しその悩みから抜け出たというのがある。このようなとき、「前世」ということが、その人にとっての「神話の知」として役立ち、自分の人生を深く理解できるようになって、悩みを克服し得たのだと考えることができる。

ところで、ワイスの例はこれと少しニュアンスを異にしている。ここには宗教家は登場せずに医者が登場する。と言っても彼はいわゆる医療を施行しない。クライエントの退行を助けるだけである。このような話を聞くと、クライエントがでたらめを言っているとか、医者が暗示をかけたのだ、という人があるが、そうではない。ワイスはこのような類のことは「正確かどうか確かめることができないたぐいのことばかりである。この世界が信用を失わないためには、本物とにせものを区別することが大切であろう。そのためには、科学者がまじめに、こうしたことに取り組んでゆくことが必要だと思う」(傍点引用者)と述べている。彼はまた退行療法で前世について語った、彼の十二人のクライエントは、「精神病の病歴はなく、幻覚もなく、また二重人格症状ももっていなかった」とつけ加えている。

輪廻転生は、これまでは明らかに宗教の領域のことであった。ところがワイスはこのようなことに科学者が取り組むべきことを提唱している。もちろん、だからと言ってワイスは輪廻転生という事実があるかどうかについては慎重に何も言及していない。このような研究結果から、輪廻転生があるとか、前世や来世が存在することが証明されたとするのは、速断である。しかし、そんなのは単なる空想にすぎない、と決めつけるのも速断にすぎると筆者は考えている。

単なる空想とワイスのクライエントの体験したことはどこが異なるのか。単なる空想は日常の意識の少し緊張をゆるめた状態で起こり、その内容は自我によってコントロールされる。これに対して、ワイスのクライエントの場合、意識の次元は深くなり、イメージの方に自律性が生じ、自我によってコントロールできない。それと前者の場合は、頭のなかでの気ばらしのようなことだが、後者の場合は、「体験した」と言いたいほどの感覚が伴うし、夢よりもはるかに確かな手応えがある。真の「体験」はその人の人生に影響を及ぼすが、そのような重みをもっている。

科学の知と神話の知とを分けて考えるとき、前者については「知る」と言えるが、後者については「信じる」としか言えない、という考え方をする人がある。地球が球形であると知っているのであって、信じている、というのではない。これに対して、来世があると信じることはできるが、知ることはできない、という具合にである。したがって、科学と宗教は次元が異なっているので「対話」の対象にならないと考えるわけである。

しかし、上述のような「輪廻転生」の体験の場合は、その人は「信じる」というより、そのような体験を「知っている」というのではなかろうか。これまでに他に論じているので今回は省略したが、臨死体験の場合も、たとえばキュブラー・ロスなどは死後の世界のあることを「信じて」いるのではなく、「知って」いるのだと言っている。(6) このような表現は、すでに述べたように、それらの体験が単なる空想の域を超えており、自分の存在全体に関連することとして体験されることを強調したい気持はわかるが、それによって「死後の生」の存在にまで言い及ぶのは言い過ぎであると思う。

ここで、臨死体験や、ワイスの行なった前世体験の報告を「物語」として位置づける、というのはどうであろう。ここでまた、物語を単なる空想、「つくり話」と同じと思われないように断っておかねばならないが、「物語」は自然に生まれてくる傾向と、それを意識的に把握して他に伝えようとする傾向が相まって出来あがってくるものなのである。物語の特性のひとつは「つなぐ」ことである。物語による情動体験が、話者と聴き手をつなぎ、過去と現在をそして未来をもつなぎ、個人の体験を多数へとつなぎ、意識と無意識をつなぎ……さまざまの「つなぎ」をしてくれる。

もっとも、物語がすべてをつなぐなどという気はない。「そんな話にはついてゆけない」という表現をわれわれはもっている。どの程度の人がその物語についてくるのか、ということは、その物語の価値をはかるひとつのメルクマールである。

神話という言葉が示すように、神話の知は物語によって伝えられる。ここで嬉しいことに、科学者の方からも物語を重視する発言が出てきたのである。たとえば、中村桂子の論文「物語としての生命」[7]や清水博「論点としての〈生命〉」[8]などをあげることができる。

宗教と科学という対話困難な相手が、「物語」という土俵を提供することによって、その対話を可能にするのではないか、と筆者は考えているが、これは楽観に過ぎるであろうか。それぞれの人がその心のなかにおける宗教家と科学者の対話を試みるにしても、物語——心のなかの誰もがついてゆける物語——を生み出そうとする努力のなかで、その対話が可能なのではないかと思う。誰もがついてゆける物語というのは、論理的整合性や一神論的統合とは異なる、ある種のまとまりを示すのではないかとも思われる。もっとも、「生み出そうとする努力のなかで」という表現をしたのであって、「生み出せる」、「生み出せるはずである」とは言っていない。おそらく対話は終るところがないのではなかろうか。

注

（1）国際交流基金編『生命科学と人間の会議』メジカルフレンド社、一九八四年。
（2）村上陽一郎『近代科学と聖俗革命』新曜社、一九七六年。
（3）一神論的構造は必ずしも一神教と結びつくとは限らない。日本人においても危険な一神論的構造はよく出現する。これについては、河合隼雄「解説」、デイヴィッド・ミラー、桑原知子／高石恭子訳『甦る神々――新しい多神論』春秋社、一九九一年、所収、参照。
（4）中村雄二郎『哲学の現在――生きること考えること』岩波書店、一九七七年。
（5）ブライアン・L・ワイス、山川紘矢／亜希子訳『前世療法――米国精神科医が体験した輪廻転世の神秘』ＰＨＰ研究所、一九九一年。
（6）本書第三章を参照。
（7）中村桂子「物語としての生命」、『岩波講座　宗教と科学6　生命と科学』岩波書店、一九九三年、所収。
（8）清水博「論点としての〈生命〉」、『岩波講座　宗教と科学1　宗教と科学の対話』岩波書店、一九九二年、所収。

解説　たましいから物語へ

河合俊雄

本書は、宗教と科学をつなげようとしているが、この二つは非常に対立するとも、隔たっているとも普通には考えられている。マックス・ヴェーバーの「脱呪術化」(Entzauberung)という概念からしても、科学はまさに合理的な見方と説明によって、宗教の持つ呪術的な世界から脱却させるものであり、宗教を否定していくものと考えられる。たとえば雷はゼウスが引き起こすものでもないし、雷にへそを取られることもなく、それは自然科学によると単なる大気中の放電現象である。

しかし著者の河合隼雄からすると、まさに自分が営んでいた心理療法において宗教と科学の接点が問題になるのであって、だからこそこのようなテーマを考えざるをえなかったのである。

「たましい」

そこで本書に出てくるキーワードが第1章のタイトルにも使われている「たましい」

である。心理療法がこころの悩みや症状にかかわるとすると、「こころ」という言葉で十分なはずである。そこであえて「たましい」という実体がなく、ともすると怪しいとさえみなされる言葉を用いるのはどうしてであろうか。それは、こころの悩みを単純にストレスやトラウマなどの何かの原因によるとしたり、物質的なものに還元したりするのがむずかしいことが多いからである。また悩みの解決は偶然なども重なって、思わぬ形でもたらされることが多い。ユングが「共時性」という概念で、意味のある偶然の一致の現象を捉えようとしたのもこのためである。だからこそ、「たましい」というはたらきを仮定したくなる。

個人を超えた無意識のはたらきを強調したスイスの心理学者ユングのところには、社会的には成功し、物質的には何の不足もないのに、生きていく気力がまったく無くなったような人たちが多く訪れ、それは「たましいとの接触を失った」からと考えられると著者は言う。そして「たましい」と接触していく方法を、人間はこれまでは宗教という形で伝えてきたけれども、「ユングはたましいを宗教としてではなく、あくまで心理学として研究しようとした」とする。ここに心理療法における宗教と科学の接点が生じてくる。つまり心理療法は「人間存在を全体として、たましいということも含めて考えようとする」から、「宗教との必然的なかかわり」が生じてくると同時に、「あくまでもたましいの現象を探求しようとする態度は科学的」だからである。

たましいとは何かを定義するのはむずかしいが、次のような指摘は示唆的である。心身二元論を確立したデカルトが「考える」ことを強調したのに対して、たましいは「想像する」ことを重視するとされている。だからこそ、ユング派の心理療法では夢や箱庭が大切にされる。また、「たましいは、物と心の切断からもれてきたものであるだけに、人間の身体と心の終焉である「死」と深く関係する」とされている。

時代性

科学が宗教を一方的に駆逐していくのではなくて、両者に接点が生じてくるのには、時代性が関係している。自然科学の発展とともに、人類が直線的に進歩し続けるという楽観的な考えに疑問が生じてきた契機として、著者はベトナム戦争の体験、公害問題、核兵器についての危機感、文化人類学の研究による西洋文化の相対化などを挙げている。

これは三十年以上前に書かれた本書におけるコンテクストであるけれども、同じような必然性はむしろ強まっているのではないだろうか。現代においては、地球温暖化などに伴って、「持続可能性」や「自然との共生」が一層問われるようになっている。やや地域限定的であった公害は、地球規模の問題となってきている。また新型コロナウイルスによるパンデミックは、動物との共生、現代文明の問題と限界を指摘しているようである。さらには日本では科学技術基本法が一部改正され、それに人文科学が含まれるようになって二〇二一年四月に施行されることも、宗教と科学の接点の必要性を指摘しているかのようである。このようなタイミングで本書が復刊されることには、非常に意味があり、新しいヒントを提供してくれるのではないかと思われる。

ただし当時の時代性による多少の限界が本書に見られることも指摘しておかねばならない。著者もかなり批判的に書いているとはいえ、ニューエイジ的なドラッグ体験なども含むトランスパーソナル心理学についてふれられていることが前半部分には多い。また「たましい」という用語の理解など、一九八〇年代において河合隼雄がユング派の分析家ジェイムズ・ヒルマンの影響を強く受けていたこともうかがわれる。用語についても、当時の「分裂病」という用語(現在では「統合失調症」)が用いられているが、変更はせずに、初出に〔統合失調症〕と入れた。他にも現在では使われていない用語が見られるが、変更は加えず、適宜〔　〕で現代の用語を入れた。

自然と心理療法

本書が全く古びていないことを感じさせてくれるのは、後半の「自然について」と「心理療法について」の章である。日本人と自然の関係については、既に様々な分野の人が指摘しているが、著者が日本人の「自然」に対する特別な親近感のようなことに注目するようになったのは、夢分析の経験を通じてであるというのは興味深い。性に対する抑圧が強く、恋愛さえも罪悪のように感じていた若い女性が変わっていくきっかけとなった夢は印象的である。二つの箱に入った各四枚の紙に四季の歌が書いてあるのを見て、クライエントは「この世の中に春夏秋冬があるように、恋愛ということも存在するのだ」という洞察を得るのである。同じような問題を持った人の西洋の夢分析における典型的なプロセスが、「美女と野獣」の物語に見られるように、恐ろしい男性像が自分に受け入れられるものに変容していくものであるのに対して、非常に対照的である。

著者は、自然がもともとは「じねん」と読まれていたことに着目し、その「自」は、自我と自己と言うときの「自」にもつながっているので、「おのずから」と「みずから」の両方の意味が含まれていることを指摘している。これは意識的な自我と、こころ全体の中心である自己とを峻別するユングの考え方とは異なって、自我も自己も融合した形で体験されることにもつながる。さらには心理療法としては、自分の自我を超えた「自然」(じねん)のはたらきに任せようとする態度が大切で、それは「簡単に言ってしまえば何もしないこと」とさえ言えるけれども、治療者は「そこに生じる現象に自らが参与していなくてはならない」のである。まさに、ものごとがひとりでに生じるような要素と、主体の自主的、能動的かかわりの両方が必要になる。「自然」(じねん)と心理療法については、後に『ユング心理学と仏教』でさらに展開されているので、参照されたい。

否定的なもの

心理療法という人間の暗い面や否定的な側面にかかわっているだけあって、日本の自然観についても、その肯定的な面を礼賛するだけに終わっていないのが重要であると思われる。水俣病についてのシンポジウムで、不知火海の漁民たちにとって海が聖なるものとして存在してきたのが、汚染されてしまったことを聞いたのを受けて、著者は「『自然』は死んだ」として、次のように続けている。

「これは何も水俣だけの問題ではない。極論すれば、われわれ日本人が西洋に生まれた自然科学を受けいれ、それによって「進歩発展」を目指した時点において、日本人にとってのあいまいな神イメージの担い手としての「自然」は死んだと言うべきではなかろうか。」

「自然について」の章の末尾にある以下の文章を、われわれは今こそ真剣に受けとめる必要があるかもしれない。

「ヨーロッパにおける神の死の自覚がより深い神への接近をもたらしつつあるように、日本において「自然」の死を自覚することが、自然のより深い理解をもたらすであろう。」

心理療法についても同じことで、「自然」(じねん)のはたらきにまかせるという自己実現の力は、時には人間の自我に対して破壊的にはたらくことが指摘されている。「治ることに苦しみはつきものである。というよりは、正面から苦しむことによってこそ治癒はあるとさえ言うべきである」というのをわれわれは忘れてはならないであろう。

物語

一九八六年に単行本として出版された本書を岩波現代文庫から復刊するに際して、「対話の条件」(『岩波講座　宗教と科学1　宗教と科学の対話』一九九二年)を「補論　宗教と科学の対話」として収録した。講座の巻頭を飾る小論が書かれたのは本書の出版から六年後であるが、そこには新しい展開が見られる。これは宗教と科学の対話、「科学の知」と「神話の知」の対話がいかにして可能になるのかを検討しているものである。臨死体験などをどのように位置づけるかということから出てくるパラダイムが「物語」である。

一九八〇年代の河合隼雄は、ヒルマンの影響も受け、自分が体験し、考えていたことを思い切って述べるために「たましい」や「ファンタジー」という用語を用いた。その後に自分のキーワードとなっていったのが「物語」である。物語の特性のひとつは「つなぐこと」である。「話者と聴き手をつなぎ、過去と現在をそして未来をもつなぎ、個人の体験を多数へとつなぎ、意識と無意識をつなぎ」という物語が、宗教と科学をつないで対話を可能にし、それが「物語の科学」となるというのが河合隼雄の構想だったかもしれないのである。当時からはＡＩなどによって科学がさらに進んだなかで、どのような物語の科学が可能になるのかを考えるのが、われわれの課題かもしれない。

本書の復刊に関しては、岩波書店編集部の中西沢子さんのお世話になった。記して感謝したい。岩波現代文庫には〈心理療法〉、〈子どもとファンタジー〉、〈物語と日本人の心〉などの河合隼雄コレクションがあるが、それに本書が加わることをうれしく思う。

（かわい・としお　心理学者）

本書は一九八六年五月、岩波書店より刊行され、その後、『河合隼雄著作集11　宗教と科学』(一九九四年一〇月、岩波書店)に収録された。底本には著作集版を使用した。現代文庫化に際し、「補論　宗教と科学の対話」(「対話の条件」『岩波講座　宗教と科学1　宗教と科学の対話』一九九二年九月、岩波書店)を併載した。

宗教と科学の接点

2021年 4 月 15 日　第 1 刷発行
2023年 12 月 15 日　第 2 刷発行

著　者　河合隼雄《かわいはやお》

発行者　坂本政謙

発行所　株式会社 岩波書店
〒101-8002 東京都千代田区一ツ橋 2-5-5

案内 03-5210-4000　営業部 03-5210-4111
https://www.iwanami.co.jp/

印刷・精興社　製本・中永製本

ISBN 978-4-00-600435-4　Printed in Japan

岩波現代文庫創刊二〇年に際して

二一世紀が始まってからすでに二〇年が経とうとしています。この間のグローバル化の急激な進行は世界のあり方を大きく変えました。世界規模で経済や情報の結びつきが強まるとともに、国境を越えた人の移動は日常の光景となり、今やどこに住んでいても、私たちの暮らしは世界中の様々な出来事と無関係ではいられません。しかし、グローバル化の中で否応なくもたらされる「他者」との出会いや交流は、新たな文化や価値観だけではなく、摩擦や衝突、そしてしばしば憎悪までをも生み出しています。グローバル化にともなう副作用は、その恩恵を遥かにこえていると言わざるを得ません。

今私たちに求められているのは、国内、国外にかかわらず、異なる歴史や経験、文化を持つ「他者」と向き合い、よりよい関係を結び直してゆくための想像力、構想力ではないでしょうか。

新世紀の到来を目前にした二〇〇〇年一月に創刊された岩波現代文庫は、この二〇年を通して、哲学や歴史、経済、自然科学から、小説やエッセイ、ルポルタージュにいたるまで幅広いジャンルの書目を刊行してきました。一〇〇〇点を超える書目には、人類が直面してきた様々な課題と、試行錯誤の営みが刻まれています。読書を通した過去の「他者」との出会いから得られる知識や経験は、私たちがよりよい社会を作り上げてゆくために大きな示唆を与えてくれるはずです。

一冊の本が世界を変える大きな力を持つことを信じ、岩波現代文庫はこれからもさらなるラインナップの充実をめざしてゆきます。

(二〇二〇年一月)

G409
普遍の再生
――リベラリズムの現代世界論――
井上達夫

平和・人権などの普遍的原理は、米国の自国中心主義や欧州の排他的ナショナリズムにより、いまや危機に瀕している。ラディカルなリベラリズムの立場から普遍再生の道を説く。

G410
人権としての教育
堀尾輝久

『人権としての教育』（一九九一年）に「『国民の教育権と教育の自由』論再考」と「憲法と新・旧教育基本法」を追補。その理論の新しさを提示する。〈解説〉世取山洋介

G411
増補版 民衆の教育経験
――戦前・戦中の子どもたち――
大門正克

子どもが教育を受容してゆく過程を、国民国家による統合と、民衆による捉え返しとの間の反復関係（教育経験）として捉え直す。〈解説〉安田常雄・沢山美果子

G412
「鎖国」を見直す
荒野泰典

江戸時代の日本は「鎖国」ではなく「四つの口」で世界につながり、開かれていた――「海禁・華夷秩序」論のエッセンスをまとめる。

G413
哲学の起源
柄谷行人

アテネの直接民主制は、古代イオニアのイソノミア（無支配）再建の企てであった。社会構成体の歴史を刷新する野心的試み。

岩波現代文庫[学術]

G414
『キング』の時代
―国民大衆雑誌の公共性―
佐藤卓己

伝説的雑誌『キング』――この国民大衆誌を分析し、「雑誌王」と「講談社文化」が果たした役割を解き明かした雄編がついに文庫化。〈解説〉與那覇潤

G415
近代家族の成立と終焉 新版
上野千鶴子

ファミリィ・アイデンティティの視点から家族の現実を浮き彫りにし、家族が家族であるための条件を追究した名著、待望の文庫化。「戦後批評の正嫡 江藤淳」他を新たに収録。

G416
兵士たちの戦後史
―戦後日本社会を支えた人びと―
吉田裕

戦友会に集う者、黙して往時を語らない者……戦後日本の政治文化を支えた人びとの意識のありようを「兵士たちの戦後」の中にさぐる。〈解説〉大串潤児

G417
貨幣システムの世界史
黒田明伸

貨幣の価値は一定であるという我々の常識に反する、貨幣の価値が多元的であるという事例は、歴史上、事欠かない。謎に満ちた貨幣現象を根本から問い直す。

G418
公正としての正義 再説
ジョン・ロールズ
エリン・ケリー編
田中成明
亀本洋
平井亮輔 訳

『正義論』で有名な著者が自らの理論的到達点を、批判にも応えつつ簡潔に示した好著。文庫版には「訳者解説」を付す。

2023.11

G425
岡本太郎の見た日本
赤坂憲雄

東北、沖縄、そして韓国へ。旅する太郎が見出した日本とは。その道行きを鮮やかに読み解き、思想家としての本質に迫る。

G426
政治と複数性
―民主的な公共性にむけて―
齋藤純一

「余計者」を見棄てようとする脱-実在化の暴力に抗し、一人ひとりの現われを保障する。開かれた社会統合の可能性を探究する書。

G427
増補 エル・チチョンの怒り
―メキシコ近代とインディオの村―
清水透

メキシコ南端のインディオの村に生きる人びとにとって、国家とは、近代とは何だったのか。近現代メキシコの激動をマヤの末裔たちの視点に寄り添いながら描き出す。

G428
哲おじさんと学くん
―世の中では隠されているいちばん大切なことについて―
永井均

自分は今、なぜこの世に存在しているのか？友だちや先生にわかってもらえない学くんの疑問に哲おじさんが答え、哲学的議論へと発展していく、対話形式の哲学入門。

G429
マインド・タイム
―脳と意識の時間―
ベンジャミン・リベット
下條信輔
安納令奈 訳

実験に裏づけられた驚愕の発見を提示し、脳と心や意識をめぐる深い洞察を展開する。脳神経科学の歴史に残る研究をまとめた一冊。〈解説〉下條信輔

岩波現代文庫［学術］

G430
被差別部落認識の歴史
―異化と同化の間―
黒川みどり
差別する側、差別を受ける側の双方は部落差別をどのように認識してきたのか――明治から現代に至る軌跡をたどった初めての通史。

G431
文化としての科学／技術
村上陽一郎
近現代に大きく変貌した科学／技術。その質的な変遷を科学史の泰斗がわかりやすく解説、望ましい科学研究や教育のあり方を提言する。

G432
方法としての史学史
―歴史論集1―
成田龍一
歴史学は「なにを」「いかに」論じてきたのか。史学史的な視点から、歴史学のアイデンティティを確認し、可能性を問い直す。現代文庫オリジナル版。〈解説〉戸邉秀明

G433
〈戦後知〉を歴史化する
―歴史論集2―
成田龍一
〈戦後知〉を体現する文学・思想の読解を通じて、歴史学を専門知の閉域から解き放つ試み。現代文庫オリジナル版。〈解説〉戸邉秀明

G434
危機の時代の歴史学のために
―歴史論集3―
成田龍一
時代の危機に立ち向かいながら、自己変革を続ける歴史学。その社会との関係を改めて問い直す「歴史批評」を集成する。〈解説〉戸邉秀明

2023. 11

岩波現代文庫[学術]

G435
宗教と科学の接点
河合隼雄

「たましい」「死」「意識」など、近代科学から取り残されてきた、人間が生きていくために大切な問題を心理療法の視点から考察する。〈解説〉河合俊雄

G436
増補 軍隊と地域
—郷土部隊と民衆意識のゆくえ—
荒川章二

一八八〇年代から敗戦までの静岡を舞台に、矛盾を孕みつつ地域に根づいていった軍が、民衆生活を破壊するに至る過程を描き出す。

G437
歴史が後ずさりするとき
—熱い戦争とメディア—
ウンベルト・エーコ
リッカルド・アマデイ訳

歴史があたかも進歩をやめて後ずさりしはじめたかに見える二十一世紀初めの政治・社会の現実を鋭く批判した稀代の知識人の発言集。

G438
増補 女が学者になるとき
—インドネシア研究奮闘記—
倉沢愛子

インドネシア研究の第一人者として知られる著者の原点とも言える日々を綴った半生記。「補章　女は学者をやめられない」を収録。

G439
完本 中国再考
—領域・民族・文化—
葛兆光
辻康吾監訳
永田小絵訳

「中国」とは一体何か？　複雑な歴史がもたらした国家アイデンティティの特殊性と基本構造を考察し、現代の国際問題を考えるための視座を提供する。